AF237636

Wolf Ollrog

Geklopfte Sprüche

über die Welt, die Liebe und andere unflätige Dinge

Für meine Frau

Der Autor:
Dr. Wolf Ollrog arbeitet als Einzel-, Gruppen-, Paar- und Bondingpsycho-
therapeut in eigener Praxis.
Veröffentlichungen (u.a.): „Nie gesagte Worte" in: Deutschland und seine
Weltkriege. Schicksale in drei Generationen und ihre Bewältigung (2012);
„Aus der Traum. 101 bewährte Vorschläge, wie man seine Partnerschaft vor
die Wand fahren kann" (2013); „Ein Quantum Leben. Woher wir die Kraft
zum Leben nehmen" (2014); „Die drei Säulen der Partnerschaft. Was
Partnerschaften stabil, ebenbürtig und glücklich macht" (2015); „Wir
müssen endlich reden! Die Partner-Diade – eine einfache Gesprächshilfe für
schwierige Themen" (2016); „Ich hätte dich gebraucht! Nachkriegsgeschich-
ten" (2017); „Eine Urlaubsliebe" (2021).

1. Aufl. 2019
Alle Rechte vorbehalten
ISBN 978-3-753435-58-9

Herstellung und Verlag: BoD- Books on Demand, Norderstedt

Umschlaggestaltung: Wolf Ollrog

Inhalt:

Vorwort   11

1. Buch: Allerweltsweisheiten und   23
    Geklopfte Sprüche

1.1 Merksprüche für alle Lebenslagen   25
1.2 Selbstbekenntnisse und Lebenslügen   33
1.3 Fromme Sprüche   41
1.4 Stammtischklopfer und Latrinenparolen   49
1.5 Suffsprüche   57
1.6 Anhang: Sprüche über die Deutschen   61

2. Buch: WiderSprüchliches über die Liebe   67

2.1 Spruchweisheiten über die Liebe   69
2.2 Zaubersprüche für Liebestolle   77
2.3 Leitsprüche zum Küssen und Berühren   81
2.4 Streitsprüche für den Partnerkampf   85
2.5 Sprüche aus der Weiberküche   93
2.6 Das Männeralphabet   97
2.7 Liederliche Sprüche übers Eigentliche   103

3. Buch: Sprüche über Unaussprechliches
Eine schamlose Anthologie

111

3.1 Ausdünstungen und Ausscheidungen 113

1 Körperflüssigkeiten   113
2 Körpergerüche   114
3 Mundgeruch   115
4 Schwitzen   116
5 Achselschweiß   116
6 Stinkefüße   117
7 Schwitzhände   118
8 Monatsdünste   119
9 Lokuserfahrungen   119
10 Impressionen beim Stuhlgang   123
11 Wasser lassen   125

3.2 Unangenehme Angewohnheiten 127

12 Schmatzen   127
13 Schlürfen   127
14 Kleckern   128
15 Rülpsen   129
16 Furzen   130
17 Kratzen   131
18 Beißen   132
19 Nägelkauen   134
20 Fingerlutschen   134
21 Popeln   135
22 Ohrenbohren   136
23 Schnäuzen   138

24 Rotzen   139
25 Schniefen   140
26 Hochziehen   141
27 Feuchte Aussprache   141
28 Rauchen   142

3.3 Kontaktstörungen   145

29 Nähehindernisse   145
30 Handgeben   146
31 Nervöse Hände   147
32 Gliederzucken, zappeln 149
33 Vorbeisehen   150
34 Grinsen   151
35 Laut sein   152
36 Leise reden, nuscheln 153
37 Husten, hüsteln, räuspern 154
38 Schluckauf   155
39 Schnarchen   156
40 Dauerduschen   157
41 Klatschen   158
42 Abklatschen   160
43 Stottern   160
44 Augenplinkern   161
45 Schwerhörigkeit   162
46 Sehschwäche   163
47 Übergewicht   165
48 Magersucht   167
49 Essbrechsucht   168

3.4 Nachlässigkeiten   **170**

50 Mangelnde Körperhygiene   170
51 Nachlässiges Outfit   172
52 Schmuddelkleidung   173
53 Fehlende Tischmanieren   174
54 Peekhaare   175
55 Schwarze Fingernägel   176
56 Offene Hose   177
57 Löchrige Socken   177

3.5 Missgeschicke   **179**

58 Darmgeräusche   179
59 Inkontinenz   179
60 In die Hose machen   180
61 Kotzen   181
62 Niesen   182
63 Gähnen   183
64 Schiefe Zähne   184
65 Zähneknirschen   185
66 Pickel   186
67 Haarausfall   187
68 Glatze   187
69 Schuppen   188
70 Schielen   189
71 Linkischer Gang   189

3.6 Verschönerungen und Verunstaltungen   **191**

72 Schminken   191
73 Schmuck   192
74 Mode   193
75 Haariges   195
76 Körperrasur   196
77 Nägel stylen   197
78 Piercen   198
79 Tätowieren   199
80 Schönheits-OPs   202

Vorwort

„Verträume nicht dein Leben. Lebe deinen Traum!" „Wenn du nicht weiterkommst, ändere die Richtung!" „Do what you love - Love what you do!" „Wenn du denkst, es geht nicht mehr, kommt irgendwo ein Lichtlein her!" oder schlichter: „Grüß Gott, tritt ein, bring Glück herein!" – Sprüche erfreuen sich großer Beliebtheit. Man verschickt sie als Kartengruß zu allen möglichen Anlässen, besonders gern zu Geburtstagen und Hochzeiten. Man stellt sie auf die Vitrine oder hängt sie eingerahmt an die Wand. Manche kleben sie sich übergroß auf die Tapete. Über die alten Niedersachsenhäuser schnitzte man Sprüche in den Eingangsbalken: „Wer Gott vertraut, hat wohl gebaut im Himmel und auf Erden". Solche Sprüche zeigen allen, welcher Geist in diesem Hause wehen möchte. Einprägsame Lebensweisheiten begleiten uns durchs Leben. Kinder bekommen Merksprüche mit auf den Weg: „Ehrlich währt am längsten" oder „Tue recht und scheue niemand". So schreiben sie es sich gegenseitig ins Poesiealbum.

Auf Sprüche treffen wir an allen Ecken und Enden, keinesfalls nur im Privaten, mehr noch in der Öffentlichkeit. Überall, wo etwas verkauft wird, begegnen uns Sprüche. Sie sind ein Eldorado der Werbetexter. Für Unternehmen, Markenfirmen, Handwerksbetriebe, Läden und Dienstleistungsfirmen ist ein eingängiger Werbespruch, mit dem sie ihre Produkte zu Ohr-würmern machen, Gold wert. An Plakatwänden, in Schulen, in Vereinshäusern, in Kirchen, Praxen und Psychozentren, als

Buchtitel und Motto für Veranstaltungen, als Überschriften für Zeitungsartikel, in Werbeprospekten oder als Firmen-Logo, sogar als Briefkopf- oder Todesanzeigen-Motto begegnen uns Sprüche in allen Variationen und wollen uns mit ihren Botschaften naherücken. Die Produktion von Sprüchen floriert anhaltend. Jüngere Menschen versuchen sich sprücheschmiedend auf Graffitiwänden, bei Demonstrationen werden sie skandiert, auf Toiletten an die Wände geschmiert. Zeitungsredaktionen, Stammtische, Wahlveranstaltungen und Fußballarenen sind Orte unermüdlicher Sprüchefabrikationen.

Gute Sprüche gehen nicht mehr aus dem Kopf: „Erst kommt die Arbeit, dann das Vergnügen!" „Der Klügere gibt nach". „Der Apfel fällt nicht weit vom Stamm." „Frisch gewagt ist halb gewonnen." „Was du heute kannst besorgen, das verschiebe nicht auf morgen." Solche Sätze bohren sich in die Gehirngänge. Sie setzen sich als Grundwissen und Grundüberzeugungen im Menschen fest. Manche Bibelworte begleiten einen als Kommunions- oder Konfirmationsspruch durchs Leben: „Von allen Seiten umgibst du mich und hältst deine Hand über mir". „Irrt euch nicht! Gott lässt sich nicht verspotten. Was der Mensch sät, das wird er ernten." „Was du nicht willst, dass man dir tu, das füg auch keinem andern zu". Elterngebote und Einschärfungen wie „Der liebe Gott sieht alles" oder „Ohne Fleiß kein Preis" oder „Nach dem Klogang, vor dem Es-sen, Händewaschen nicht vergessen!" prägen unsere kindlichen Überzeugungen. In solchen Sprüchen verdichten sich die Lebensweisheiten und Regeln von Generationen. Sie transportieren pädagogisches Basiswissen und affirmative Aufträge, sind Lebens-Ratgeber in komprimierter Form. Auch jene Sprüche, die kommerziellen Interessen dienen, wollen sich im Unterbewusstsein einnisten und unser Handeln steuern, beispielsweise „Ich bin doch nicht blöd!" oder „O2 can do" oder „Mit dem Zweiten sieht man besser!" und „Im Ersten läufts".

Viele der bekannten Sprüche sind Versatzstücke aus Gedichten großer Literaten, die sich verselbständigt haben: "Was du ererbt von deinen Vätern, erwirb es, um es zu besitzen." „Es kann der Frömmste nicht in Frieden leben, wenn es dem bösen Nachbarn nicht gefällt." „Früh übt sich, was ein Meister werden will." Einstmals wurden sie vielleicht auswendig gelernt und aufgesagt, jetzt gehören sie zum festen, abrufbaren Bestand persönlicher Überzeugungen. Gern zitiert werden Sprüche, die bekannte Größen aus Theater, Kunst und Wissenschaft, Philosophen, Literaten oder Staatsmänner von sich gegeben haben oder die ihnen nachgesagt werden, Bonmots, die für eine Weile in aller Munde sind, die man parat haben muss: „Wer zu spät kommt, den bestraft das Leben".

Was ein Spruch ist, ist weder inhaltlich noch formal exakt definiert. Er kann sich reimen oder nicht, er kann einzeilig, zweizeilig oder mehrzeilig sein. Er kann ein dichterisches Versmaß haben oder darauf verzichten. Trotzdem gibt es bestimmte typische Merkmale, die alle Sprüche verbinden. Ein Spruch muss vor allem kurz und einprägsam sein. Er muss sich einerseits leicht erschließen, andererseits eine ins Nachdenken führende Hintergründigkeit besitzen. Seine Form ist oft rhythmisch, seine Sprache abgespeckt, treffsicher und gekonnt. Der Spruch verdichtet eine Aussage auf das Wesentliche. Er pointiert und fokussiert, er trifft einen Sachverhalt, ein Gefühl, eine Einschätzung mit wenigen Worten auf den Punkt. Er kommt ohne Einleitung und Erklärungen aus. Mit knappsten Mitteln entfaltet er einen Spannungsbogen und macht sich dabei auch das Nicht-Gesagte, nur Assoziierte zunutze. Er nimmt ein Thema auf, führt es ohne Umschweife zum Kern und lässt den Hörer damit allein. Alles zum Verständnis Nötige trägt er bei sich. Er ist eine kleine Welt für sich. Er ist Minimalist.

Deshalb werden Sprüche in aller Regel einzeln gehört und verdaut. Es sind Einzelkunstwerke. Das gilt auch für Sprüche, die ursprünglich aus Gedichten stammen. Sobald sie aus ihrem Kontext genommen werden, stehen sie für sich allein. Zum kontinuierlichen Lesen oder zum Vortrag eignen sie sich nicht. Allenfalls bieten sie sich als Motto oder Aufmacher an. Oder sie können längere Ausführungen verdichten und zusammenfassen, wie die Quintessenz einer Geschichte oder eines Gedankens. Umgekehrt können sich in ihnen Geschichten auftun. Sie regen an, ins Erzählen und Sinnieren zu kommen. Oder auch ihnen zu widersprechen. Sie sind wie Überschriften für Besinnungsaufsätze.

Viele Sprüche, besonders die Zweizeiler, besitzen über die treffsichere Sprache hinaus noch eine weitere attraktive Eigenschaft: sie überraschen mit einem pfiffigen Dreh, einem besonderen Clou, etwa in Form einer unerwarteten Wendung oder einer hintersinnigen Doppelbödigkeit, wie etwa in dem alten Zweizeiler: „Wer andern eine Grube gräbt – fällt selbst hinein" oder „Der Lauscher an der Wand – hört seine eigne Schand". „Unter jedem Dach – wohnt immer auch ein Ach." Die zweite Zeile setzt die Pointe.

Wer sich für Sprüche interessiert, muss nicht viel herum-suchen. Es gibt zahlreiche Sammlungen von Sprüchen, zum Teil schon aus sehr alter Zeit. Spruchgut findet sich bereits bei Homer oder bei Hamurabi. Ein erheblicher Teil der prophe-tischen Literatur der Bibel ist in Spruchform abgefasst; beson-ders in den sogenannten weisheitlichen Schriften des Alten Testaments (Sprüche Salomos, Prediger Salomos, teilweise die Psalmen, Buch Hiob und Hohelied) begegnet man umfangrei-chen, bis heute gebrauchten Spruchsammlungen aus uralter Tradition. Das Sprüchesammeln ist hipp. Jeder Postkartenshop und jede Buchhandlung hat Sammlungen davon im Regal, Sprichwörter für alle Lebenslagen, zu Geburtstagen, Hochzei-ten und anderen Gelegenheiten, Sinnsprüche und kluge Worte über die Liebe, über allgemeine Lebensweisheiten oder Aus-sprüche berühmter Persönlichkeiten. Buchhandlungen haben Handbücher für geflügelte Worte auf Lager, dazu umfangreiche Ausgaben sprichwörtlicher Redensarten oder über den deut-schen und internationalen Zitatenschatz. Auch das Internet bietet ein riesiges Reservoir an Sprüchen für alle Lebenslagen.

Wozu nun noch ein Buch voller Sprüche?

Zunächst einmal werden alle, die in das hier vorliegende hineinschauen, sofort merken: Die folgende Zusammenstellung fügt den vorhandenen Spruchsammlungen keine erneute Auswahl hinzu. Wer eine weitere Blütenlese mehr oder weniger bekannter Sprüche erwartet (so reizvoll das immer auch ist), wird enttäuscht. In diesem Buch ist kein übernommener Spruch zu finden. *Die Sprüche sind ausnahmslos von mir formuliert.* Auch inhaltlich und thematisch folgt man der folgenden Auswahl über weite Strecken auf ungewohntes Terrain. Was hat mich bewegt, Sprüche zu schmieden und zu klopfen?

Die einfachste Antwort ist: Der Spruch ist eine besonders reizvolle, anspruchsvolle Redeform. Sprachlich ist es eine Herausforderung, Sprüche zu formulieren, die im Ohr hängen bleiben. Einen guten Spruch zu setzen, ist Kunst und Spaß zugleich. Versuchen Sie es doch mal! Das gilt umso mehr, wenn man dem Spruch besondere formale Bedingungen abverlangt.

Ich habe mich entschieden, für diese Spruchsammlung bis auf einige Ausnahmen die Form des vierhebigen gereimten Zweizeilers zu wählen. Sie ist besonders eingängig. In der klassischen dichterischen Literatur hat sie eine Hoch-Zeit erlebt. Man tritt mit ihr in bewährte Stapfen. Die formale Vorgabe, eine Einsicht oder Überzeugung abzumagern und auf das Wesentliche zu konzentrieren und zugleich in Reimform einprägsam zu machen, hat mich immer neu gereizt.

Aber es waren nicht nur formale Anreize, die mich in die Welt der Sprüche führten. Der Spruch verdichtet Gedanken. Jeder

Spruch ist ein kleines Gedicht über ein Thema. Kein Wunder, dass sich Religion und Philosophie, Dichtung und Literatur, Lebensweisheit und Ratgeberkultur dieser Sprachform schon immer bedienten. Sie ist ein Vehikel für besonders hervorgehobene Aussagen, die mit dem Anspruch daherkommen, festgehalten zu werden. Sprüche sind Merkverse. In ihrer geschliffenen Sprachgestalt werden sie zum Ohrwurm. Sie können gescheit und tiefsinnig sein, ins Nachdenken bringen und Einsichten vermitteln. Sie können Erfahrungen deuten. Sie können Ratschläge verteilen und zu einem Verhalten auffordern. Sie können witzig, bissig, ironisch oder zweideutig sein. Sie können auch blödeln, veralbern und einfach nur Spaß verbreiten. Auf keine dieser Varianten wollte ich verzichten.

Darüber hinaus können Sprüche noch eine weitere Eigenschaft besitzen, die mich fasziniert; sie können auch zuspitzen und überzeichnen. Sie sind bisweilen wie Parolen, erscheinen mir besonders geeignet für Gegenpositionen, Einwürfe, Zwischenrufe und unpassende Bemerkungen, die sich querlegen und die gewohnten Denkwege unbequem machen. Das Gewand vertrauter Allerweltsweisheiten, die gern den Anspruch behaupten, Grundeinsichten und Leitsprüche für Lebensfragen anzubieten, gibt dem Spruch einen gewissermaßen seriösen Anstrich. Es hat mich gereizt, ihn auch als sperrige oder doppelbödige Ansage zu nutzen. Es hat mir einen widerborstigen Spaß gemacht, manche mit ihm transportierte wohlbekannte, von Generation zu Generation weitergegebene Überzeugung, Moralvorstellung und Benimm-Regel gegen den Strich zu bürsten. Der Spruch, gerade auch der beliebte und vertraute, verlockt und erzeugt immer auch den Widerspruch.

Querlegen möchten sich die folgenden Sprüche darüber hinaus auch in der Auswahl der Themen. Ein beträchtlicher Teil von ihnen bringt das zur Sprache, was man üblicherweise nicht für spruchtauglich hält. Bestimmte Themen und Inhalte werden in unserem Spruchgut fast ganz ausgespart – die aber in unserem Alltag eine erhebliche Rolle spielen; Sprüche, die die kleinen und sehr kleinen Dinge des Lebens betreffen, Erfahrungen und Gefühle, über die niemand weiter Worte verliert, weil sie als belanglos oder lächerlich angesehen werden. Das gilt umso mehr, wenn sie auch noch als uncharmant, peinlich, unanständig oder schamlos gelten. Viele der folgenden Sprüche, vor allem im dritten Buch, schenken dem üblicherweise Übergangenen, Abgewerteten und nicht Ausgesprochenen Aufmerksamkeit, widmen dem Unaussprechlichen ihr Ohr. Sie geben dem einen Sprechraum, was den meisten Menschen keinen Spruch wert ist. Mich hat gerade das Abseitige angeregt. Ich wollte auch das Unfeine zur Sprache bringen, wollte auch das Gemeine, Alberne, Banale und Nicht-Anspruchsvolle nicht aussperren und habe deshalb um Primitiv-Sprüche keinen Bogen gemacht. Das Sprücheklopfen ist eben auch ein Tummelfeld für Unkorrektes und nicht Salonfähiges, für politisch und moralisch Unerträgliches und rechts oder links Liegengelassenes, ebenso für Obszönes und Sexualisiertes, das ungeschützt meist nur im privaten Rahmen oder unter Gleichgesinnten gesprochen wird. Im öffentlichen Bereich begegnet solcher Schlichtsprech in

Stammtischkneipen oder Bierzelten, wenn Alkohol die Zungen löst, bisweilen auch an Mauern, Hauswänden, in Unterführungen oder auf öffentlichen Toiletten. In solchen Sprüchen begegnet man einer weniger geschminkten, oft unsympathischen Kehrseite des Lebens, und man darf sie auch als Teil einer, wenn auch unorganisierten, subversiven Gegenkultur zum elaborierten Spruchgut der Anständigen und literarisch Gebildeten verstehen.

Es kann sein, dass manche Leserinnen oder Leser die bisweilen derbe, ordinäre Sprache einzelner Sprüche, die auch Fäkalausdrücke und Vulgärbegriffe nicht ausspart, sowie die sexuellen Sprachbilder als abstoßend und unerträglich empfinden. Solche Sprachformen gehören trotzdem, gerade in dieser unaufbereiteten Form, zum alltäglichen Sprechgut. So wird gesprochen, keineswegs bloß unter Ungebildeten. Öffentlich unterwerfen sich die meisten der Konvention. Zu Hause redet man dann oft ungeschützter. Zu Hause - oder hinterm Steuer - spricht auch der Gebildete gern mal von „Arschloch", „Scheiße", „Fotze" und „fick dich". Privat ist den meisten Menschen die „Gossensprache" durchaus vertraut, und sie sind wesentlich zotiger, als sie nach außen wirken. Kein Wunder. Diese Sprache ist deftig, kräftig und saftig.

Dass ich mich, vor allem im dritten Buch, so ausgiebig mit teils abartigen und anrüchigen Themen befasst habe, haben Eingeweihte manchmal mit einem Kopfschütteln kommentiert. Mir bereitete es Vergnügen. Ich wusste mich irgendwie dichter am

Leben als meine stirnrunzelnden Freunde. Es hat mir eine klammheimliche, vielleicht kindlich-aufsässige Schmuddelfreude bereitet, mich mit Themen zu befassen, um die man gewöhnlich einen anständigen Bogen macht. Ich war immer der Meinung, dass die Schattenseiten menschlichen Lebens nicht nur genauso wichtig sind wie seine sonnigen; sondern unsre Seele zeigt sich in ihnen ungeschützter. Es ist die interessantere Seite. Auch die Archäologen versichern uns, dass die Abtritte früherer Generationen die besten Fundgruben für menschliche Alltagsgeschichten sind.

Trotz alledem, weil das Leben nicht nur aus Abseitigem und auch nicht bloß aus Widerspruch besteht, sondern auch gelebt werden will, weil Spruch und Widerspruch ebenso wie Gewohntes und Abseitiges, Angenehmes und Abstoßendes, Bedenkenswertes und Bedenkliches nicht immer einfach zu trennen sind, habe ich auch solche Sprüche aus meinem persönlichen Erfahrungs- und Überzeugungsvorrat eingemischt, die durchaus mit dem Anspruch daherkommen, dass sie ernst genommen werden könnten. Ich sage, ich habe sie eingemischt. Wenn einer einen Spruch liest, kann er nicht sicher sein, zu welcher Kategorie er gehören möchte, ob er eine Einsicht verkünden will oder sie auf die Schippe nimmt. Ich weiß es selbst manchmal nicht.

Es ist ein Buch mit fast sechzehnhundert Sprüchen entstanden, eins ohne notwendigen Anfang und abschließendes Ende. Die Auswahl der Themen in den ersten beiden Büchern mischt

Grundsätzliches, Alltägliches und Befremdliches. Mehrheitlich tun sich in ihnen Männerwelten auf. Sprüche zu klopfen ist eine männliche Domäne. Wo es sich anbot, vor allem im zweiten und dritten Buch, habe ich auch die weibliche Perspektive eingenommen. Wenn die Einzelkapitel in Buch drei jeweils mit „der Mensch" eingeleitet werden, behauptet das: Jeder (auch ich) ist gemeint. Ein ultimativer Besserwisser-Spruch schließt jedes Unterkapitel ab.

Natürlich kann man sich die Sammlung in einem Rutsch zu Gemüte führen und Zusammenhängen nachspüren. Besser, das sagte ich schon, sollte man sie aber nicht einfach hintereinander weglesen. Auch wenn sich die Sprüche in Teilen aufeinander beziehen, sind sie im Kern Einzelgänger. Sie brauchen Gelegenheit und Gelände um sich, damit sie sich ausbreiten und wirken können. Dieses Buch eignet sich mehr zum Stöbern, zum Drinherumlesen. In kleinen Happen ist es wesentlich anregender und verdaulicher als auf einem Haufen. Wie ein Kalenderblatt, für das man sich einen Tag Zeit nimmt. Oder wie eine Grußkarte, die man sich aufstellt und immer mal wieder auf sich wirken lässt. Ein guter Platz, mit Verlaub, könnte auch auf dem Klo sein. Es könnte dort, portioniert, dem intimen Anlass angemessen, dazu beitragen, dass die Sitzung Tiefe gewinnt und zum Vergnügen ausartet.

1. Buch:

Allerweltsweisheiten und Geklopfte Sprüche

1.1 Merksprüche für alle Lebenslagen

(1) Der Weise gilt so lang als weise,
wie niemand wühlt in seiner Scheise.

(2) Der Weise spricht: An graden Tagen
sollst du was Ungerades wagen.

(3) Es irrt der Mensch (meint weise Goethe).
Man sucht den Prinz und schluckt die Kröte.

(4) Für den, der immer danach sucht,
bleibt Glück ein Phantom auf der Flucht.

(5) Die Suche nach Vollkommenheit
erzeugt Bewunderung − und Leid.

(6) Mit Tätern, Opfern, Heldentum,
verhält sich's oft grad andersrum.

(7) Was ist, ich frage, da gerecht,
wenn's andern gut geht und mir schlecht?

(8) Mit Rücksicht, Treu und Redlichkeit
bringt man's im Leben mittelweit.

(9) Wie oft muss ich es sagen, Leute:
Unglück gibt's immer. Glück nur heute.

(10) Du fragst, was macht den Menschen groß?
Es fällt ihm einfach in den Schoß.

(11) Die Herkunft ist ein schweres Los:
sie macht die Kleinen gernegroß.

(12) Was man dir in die Wiege gab,
das klebt an dir bis an das Grab.

(13) Das Leben bringt Stress und Verdruss,
hängt über dir das Schildchen MUSS.

(14) Du kannst! Du darfst! Nichts soll, nichts muss!
ist das Geheimnis für Genuss.

(15) Was man uns antat an Verbrechen,
lässt sich erwachsen nicht mehr rächen.

(16) Du bist ein Star, ein Gott, ein Held,
solang dich einer dafür hält.

(17) Es bräch dein äußeres Gefüge
ganz schnell zusammen ohne Lüge.

(18) Besitzt im Lügen du Geschick,
gehörst du in die Politik.

(19) Zwar gilt es nicht als wohlerzogen,
doch wer nichts kann, nimmt Ellenbogen.

(20) Übt jemand öffentlich Verzicht,
dann weißt du schon: Da stimmt was nicht.

(21) Wie ehrenhaft sich einer hält:
Am Ende geht's auch ihm ums Geld.

(22) Nichts läuft aus reiner Nächstenliebe,
wie schön es einer auch beschriebe.

(23) Du kennst 'nen Promi, der was wuppt?
Doch find mal einen nicht korrupt!

(24) Den Mächtigen und auch den Reichen
begleiten seine stummen Leichen.

(25) Wer ohne Skrupel ist, wird Führer.
Die Sanften stellen die Verlierer.

(26) Trumpt einer auf in seinem Staate,
dann stand ihm meist der Gröfaz Pate.

(27) Erst Volk der Dichter und der Denker -
dann Volk der Flüchter und der Henker.

(28) Zu kämpfen hält die Welt für mutig.
Na gut, dann schlagt euch eben blutig!

(29) Wer sich groß aufbläst wie ein Batzen,
den lässt ein kleiner Stich schon platzen.

(30) Der Mensch, trotz Internet, Klavier,
mutiert, wenn's eng wird, schnell zum Tier.

(31) Es trennt den Menschen vom Getier
nicht Klugheit, Liebe. Sondern Gier.

(32) Der wahre Sündenfall ist schlicht:
Der eine hat, der andre nicht.

(33) Als Menschen sind wir alle gleich,
nur noch nicht ganz bei arm und reich.

(34) Steckt Ungleichheit schon im System,
ist sie besonders unbequem.

(35) Wer Geld, Besitz und Chancen hat,
tritt arglos, die nichts haben, platt.

(36) Die Menschen, die im Lichte sind,
sind umgekehrt fürs Dunkle blind.

(37) Das Gute, Böse, Starke, Schwache,
ist überwiegend Ansichtssache.

(38) Die Wahrheit, ach, die reine Wahrheit
bringt meistenteils auch keine Klarheit.

(39) Der Hohlkopf ist sich, ach, so sicher.
Der Kluge bleibt bedenklicher.

(40) Anständig ist, wer immer ansteht
und ständig ahnt, eh er was angeht.

(41) Was man als Kind gewann, erlitt:
Wir nehmen immer alles mit.

(42) Gingst du zu lange an der Hand,
lebst du fortan im Widerstand.

(43) Es zählt nicht, was man weiß und kann.
Entscheidend ist: Wie bringt man's an?

(44) Frei bist du erst, ob rot, ob Christ,
wenn du mit dir im Reinen bist.

(45) Wenn du dich selbst nicht leiden kannst,
wird jeder dir zum blöden Wanst.

(46) Der Mensch, er sammelt, hortet, häuft,
weil er nicht gerne nackend läuft.

(47) Frei lebst du, fröhlich, ohne Last,
je mehr du weggegeben hast.

(48) Gib, wenn du andern etwas schenkst,
ein bisschen mehr als du dir denkst.

(49) Wer andern eine Grube gräbt,
dem selbst der Dreck am Spaten klebt.

(50) Der Kleinste dich vom Platze bläst,
wenn du nicht fest am Boden stehst.

(51) Nichts müsstest du als Mensch versäumen,
verstündest du es dir zu träumen.

(52) Manch einer meint, er träumt nur Mist.
Wenn das mal nicht ein Irrtum ist.

(53) Was du dir träumst, das tue bald.
Aufschieben macht die Seele kalt.

(54) Wenn nichts mehr geht, geht es nicht weiter.
Dann lass es gehen und bleib heiter.

(55) So manches schwierige Problem
löst eine Krankheit ganz bequem.

(56) Meist ist, wer Einschlafmeister ist,
auch im Verdrängen Spezialist.

(57) Bisweilen läuft das Leben krumm.
Ganz einfach so. Wer weiß, warum.

(58) Geht uns das Leben ganz daneben,
dann müssen wir halt einen heben.

(59) Das Leben schlägt uns allen Wunden,
auch dem nach außen hin Gesunden.

(60) Steht man des Morgens auf mit Grummeln,
dann kann man sich im Mitleid tummeln.

(61) Und wär's auch nur ein kleiner Schaden:
laut klagend kann man in ihm baden.

(62) Kein Argument ist so ein Klopfer
wie wenn du sagst: „Ich bin das Opfer!"

(63) Um andre sorgen gilt als richtig.
Doch meistens macht man sich bloß wichtig.

(64) Der Lächler lockt die andern her -
und lächelt sich die Seele leer.

(65) Bist du für jedermann ganz offen,
dann meide dich. Du bist besoffen.

(66) Wie gut, wenn du ganz sicher bist,
was für den andern richtig ist.

(67) Je schlichter eine Melodie,
desto lauter pfeifft man sie.

(68) Deutsch flucht man hinten: Scheiß und Kack!
Als Ami flucht man vorn rum: fuck!

(69) Wenn einer schreit und tobt und flucht,
dann, weil die Seele Frischluft sucht.

(70) Zur Weißglut treibt es selbst den Frommen,
will einer nicht zu Potte kommen.

(71) Ach kämest du, du müde Art,
doch endlich, endlich mal in Fahrt!

(72) Es lässt sich protzen, lässt sich prahlen,
wenn andere die Zeche zahlen.

(73) Der Flieger stürzt. Wie schön wär fliegen,
hätt' man das Flugzeug nicht bestiegen!

(74) Die Erde stöhnt, wird immer heißer,
und täglich wächst die Zahl der Scheißer.

(75) Der Dummbatsch fragt sich wie der Weise:
Was macht man mit der ganzen Scheiße?

(76) Die Welt ist voller Maulaufreißer,
Großprotzen und Dukatenscheißer,

(77) ein Haufen kleiner Wadenbeißer:
in Wirklichkeit bloß Schleimausscheißer.

(78) Wer tönt, er wär ein Bullenbeißer,
ist meistens auch nur Hosenscheißer.

(79) Ob Klügerscheißer, Possenreißer:
Es gibt halt viel zu viele Scheißer.

(80) Der Schiss des Klugen, musst du wissen,
ist aber klüger hingeschissen.

1.2 Selbstbekenntnisse und Lebenslügen

(1) Die Welt ist schlecht, wie jeder weiß.
Ich auch. Du auch. Macht uns das heiß?

(2) Der Zufall warf mich hart ins Leben.
Ich glaub, der Wurf ging glatt daneben.

(3) Ich finde andrerseits, ich bin
für alle andern ein Gewinn.

(4) Wer bin ich wirklich, will ich sein?
Was macht mich groß, was hält mich klein?

(5) Seh ich im Spiegel mein Gesicht,
dann denk ich, den da kenn ich nicht.

(6) Manchmal, beim In-den-Spiegel-Gaffen,
seh ich 'nen unbehaarten Affen.

(7) Bin ich denn mehr als das Produkt
von dem, was Eltern mal gejuckt?

(8) Mir sagte keiner: Du bist richtig.
Jetzt bin ich groß und auch nicht wichtig.

(9) Ich bin nicht gut genug, ganz ehrlich.
Ich fühle mich als Mensch entbehrlich.

(10) Falls da vielleicht was in mir steckt,
ist es bislang noch unentdeckt.

(11) Was Gutes, Wahres, Großes schaffen:
Das trennt mich doch vom blöden Affen!

(12) Ein guter Mensch sein, wär schon recht.
Nur leider bin ich eben schlecht.

(13) Die Umstände, erklärt uns Brecht,
verteilen Chancen ungerecht.

(14) Ich wollte diese Welt verändern
und scheitere schon an der Rändern.

(15) Was ich besaß an großen Plänen,
zerhackte mir die Zeit zu Spänen.

(16) Erwachsensein war mal mein Ziel.
Was hinten rauskam, war nicht viel.

(17) Ist das mein Leben, jetzt und hier:
Maloche, Stress und Dosenbier?

(18) Hab keine Lust mehr, bin frustriert.
Das Leben ist zu kompliziert.

(19) Halt ich mal still, packt's mich mit Grausen:
Wohin ging mir die Freude sausen?

(20) Irgendwie rennt mir mein Leben
stets schneller als drauf achtzugeben.

(21) Nichts gibt's, zu dem ich mich bekenne.
Was lohnt sich dann an dem Gerenne?

(22) Die andern kriegen alles hin.
Nur ich zieh niemals 'nen Gewinn.

(23) Die Menschen tragen gleiche Würde?
Kann sein. Doch nicht die gleiche Bürde!

(24) Menschenrechte und Moral
sind meist ein bloßes Ritual.

(25) Im Blick auf Kriege, Macht und Gier
schlägt doch die Menschheit jedes Tier.

(26) Der Unterschied zum Tier ist nur:
Mensch lebt auf Kosten der Natur.

(27) Ach könnte dies verdammte Leben
nicht leichter sein, einfacher eben!?

(28) Ich wäre gern wie meine Katze:
liegt fett und faul auf der Matratze.

(29) Ich wär so gerne reich und mächtig.
Was bin ich? Arm und bleich und schmächtig.

(30) Ich träumt, ich wäre Superman
und gleichzeitig mein größter Fan.

(31) Ich bin, wie ich bekennen muss,
auch nicht der größte Pfiffikus.

(32) Ich wuchs, was ich nicht gern gesteh,
mehr seitwärts anstatt in die Höh.

(33) Ich trete gern in fette Näpfchen.
Man nennt mich nett ein freches Schnepfchen.

(34) Mein großer Traum wär schon, ich hätt' was
von diesem ganz besondren Etwas.

(35) Die Wahrheit ist: Im Blick auf Jungen
ist mir noch niemals was gelungen.

(36) Die Männerwelt, die ist mir fremd,
im Nacht- und auch im Smokinghemd.

(37) Ist Zahltag bei den Geldkassierern
gehör ich stets zu den Verlierern.

(38) Doch irgendwann, da nehm ich Rache
für jeden Schubs und jede Lache.

(39) Als Mücke würd ich haltlos stechen
und mich an ihnen allen rächen.

(40) Ihr denkt, ich wär ein liebes Mäuschen?
Ich sitz in eurem Pelz als Läuschen!

(41) Nach außen leb ich zu Gefallen,
doch innen wetze ich die Krallen.

(42) Bin ich schon äußerlich mehr hässlich,
bin ich im Innern richtig grässlich.

(43) In Wahrheit trau ich mich kein bisschen,
verteile lieber rundum Küsschen.

(44) Ich lache mit, wenn alle lachen.
Ich mache das, was alle machen.

(45) Ich nehm das Leben, wie's so läuft.
Und was nicht läuft, wird halt ersäuft.

(46) Ich sag mal so, ich bin ein Mensch,
der glücklich ist "home on my ranch".

(47) Kontakte finde ich entbehrlich.
Sie sind mir einfach zu beschwerlich.

(48) Von Freundschaft halte ich nicht viel.
Ist meist doch ein Nullsummenspiel.

(49) Geteiltes Leid ist halbe Freud.
Du trittst in Scheiße, mir tut's leid.

(50) Du drohst in Arbeit zu versinken.
Ich bin in Rente. Mir tät's stinken.

(51) Es steckt versteckt im besten Freund
auch immer ein latenter Feind.

(52) Was ist ein Freund? Doch jener Mann,
mit dem ich Scheiße bauen kann!

(53) Freundschaften werden mir zur Qual,
hör ich den Satz: „Jetzt meld' dich mal!"

(54) Ich halte mich für sehr verträglich,
bloß andre finden mich unmöglich.

(55) Mein Motto ist: Man hat die Wahl:
Wer mich nicht mag, der kann mich mal.

(56) Daheim, bei andern und im Freien:
Ich neige immer schnell zum Schreien.

(57) Sind alle fort, bin ich allein,
dann werd ich Mensch und leb wie Schwein.

(58) Sitz ich daheim am eignen Tisch,
dann rülps-schmatz-furz ich mörderisch.

(59) Benehmen ist so eine Sache,
von meinen Seiten mehr die schwache.

(60) Ich geb mich liberal als Mann,
doch geht mein Konto dich nichts an.

(61) Das Geld, ach Gott, das ist mir gleich.
Mich machen Luft und Liebe reich.

(62) Besitz und Geld und Kapital:
das meide ich, weil: null Moral.

(63) Ich lebe einfach, wohn' im Freien,
nähr mich vom Sammeln und vom Leihen.

(64) Ich halte mich als Körneresser
allein geschmacklich schon für besser.

(65) Ich komme überall zu spät.
Ein Glück, dass meine Uhr falsch geht.

(66) Feste Termine find ich grässlich.
Ich bin bei sowas ganz vergesslich.

(67) Hat man sich erst einmal blamiert,
läuft's danach auch nicht wie geschmiert.

(68) Altwerden geht von ganz allein,
doch was am Ende rauskommt! Nein!

(69) Wie alt wir auch geworden sind:
Ein Teil von uns bleibt immer Kind.

(70) Bis heute lege ich mich lahm
mit meinem alten Kinderkram.

(71) Als Kind wollt ich nur älter werden.
Jetzt bin ich alt und hab Beschwerden.

(72) Das Älterwerden führt zu Schwund
und schleift bei mir rein alles rund.

(73) Mit sechzig konnte ich noch alles –
im Falle des gedachten Falles.

(74) Ein Irrtum, dächtest du, das gibt sich;
es röhrt in dir auch noch mit siebzig.

(75) Mit achtzig, neunzig, glaub mir das,
rührt sich noch immer irgendwas.

(76) Im Innern gären manche Säfte,
nur meistens fehlen dann die Kräfte.

(77) Na schön, dann kann ich nicht mehr laufen,
doch reicht's noch immer zum Besaufen.

(78) Von was ich einstmals auch geträumt –
das meiste habe ich versäumt.

(79) Mir scheint, der Großteil meines Lebens
verläpperte sich ganz vergebens.

(80) Ich frag mich: Macht die Lebensreise
mich wohl zum Schluss ein bisschen weise?

1.3 Fromme Sprüche

(1) Wer glaubt, behauptet, was zu wissen,
was andere dann glauben müssen.

(2) Was glauben ist, wird oft gefragt.
Ganz leicht, bet nach, was man dir sagt.

(3) Was man da alles glauben soll,
malt schon so manche Kuhhaut voll.

(4) Was glauben Menschen doch nicht alles:
aus Zwang – und Schutz, günstigen Falles.

(5) Der Glaube sei ein heißes Eisen?
Wieso? Man kann eh nix beweisen.

(6) Der Glaube ist noch nicht verstaubt,
kennst du wen, der wen kennt, der glaubt.

(7) Der Glaube, heißt's, versetzt selbst Berge.
Vielleicht gilt das im Land der Zwerge.

(8) Das Unglaubliche glauben, merke,
gilt als besondre Glaubensstärke.

(9) Der Glaube tät sich nicht so schwer,
käm der Verstand ihm nicht so quer.

(10) Was Glauben ist, beschreibt der Satz:
„Da, wo dein Herz hängt, ist dein Schatz".

(11) Es sind die innren Glaubenssätze,
die Leben binden wie in Netze.

(12) Der Mensch, und sei er Atheist,
an allerlei gebunden ist.

(13) Ob Jude, Moslem, Christ, ob Heide –
jeder ist Schaf auf seiner Weide.

(14) Du kannst, du sollst, du darfst, du musst:
Das füllt als Glaube Kopf und Brust.

(15) Nur selten, und nur subjektiv,
ist Glaube frei und subversiv.

(16) Was Kinder tun und lassen müssen,
ist später Grundstock für's Gewissen.

(17) Was man dir einschärft und verbietet,
das sitzt in dir als wär's vernietet.

(18) Sei hier gewarnt, mein Kind, und schnall es:
der böse Gott sieht wirklich alles.

(19) Der Glaube macht uns erst zu Sündern
und hinterher zu frommen Kindern.

(20) Ich bin so klein, mein Herz ist rein,
mich liebt das liebe Jesulein.

(21) Sind nicht die alten Kinderworte
für unsre Seele sichre Orte?

(22) Sankt Niklaus und der Weihnachtsmann
verschwinden leider irgendwann.

(23) Für Teufel, Engel, Seelenfänger
braucht's zum Verschwinden etwas länger.

(24) Der Fromme glaubt, Gott lohnt sein Leiden,
und hofft auf späte Himmels-Freuden.

(25) Am Ende, heißt's, gäb's ein Gericht.
Es sei denn nur, du glaubst es nicht.

(26) Ein andrer meint, im nächsten Leben
kann's ihn als Kellerassel geben.

(27) Es ist nun mal die Religion
ein Spielort der Spekulation.

(28) Es träumt der Mensch sein Himmelreich
mit oder ohne Gott, ganz gleich.

(29) Mal sanft, mal aggressiv, mal strenger
sind unterwegs die Seelenfänger.

(30) Die Welt ist schlecht, und von dem Bösen
kann dich Ix-Ypsilon erlösen.

(31) Der Kosmos leitet mich, gottlob,
sagt jedenfalls mein Horoskop.

(32) Ich glaub, wo man auch geht und steht,
dass uns die Liebe sanft durchweht.

(33) Ich glaub, es greift die Macht der Liebe
der Welt bald kräftig ins Getriebe.

(34) Ich stehe auf der guten Seite.
Kommt rüber, Leute! Schaut ins Weite!

(35) Auch du brauchst Jesus, möcht' ich wetten!
Komm, lass mich dich ein bisschen retten!

(36) Der Fromme weiß, was für dich gut ist.
Wie schön, wenn du in guter Hut bist.

(37) Der Mensch, weiß Gott, hat sich verhoben.
Erlösung gibt es nur von oben.

(38) Glaubt uns, wir brauchen eine Wende,
sonst geht's mit uns ganz schnell zu Ende!

(35) Es braucht die Welt fürs Rumgeschiebe
doch bloß ein kleines bisschen Liebe.

(40) Hätt jeder Zank und Streit vermieden,
dann herrschte in der Welt stets Frieden.

(41) Die Schöpfung ist ganz schnell geheilt,
wenn jeder mit dem andern teilt.

(42) Natur blüht wieder nach paar Jahren,
würd jeder mit dem Fahrrad fahren.

(43) Würd jeder einfach fleischlos essen,
könnt' man das Tier-Leid auch vergessen.

(44) Gäb jeder bloß 'ne kleine Spende,
hätte der Hunger bald ein Ende.

(45) Der Fromme ruft aus tiefstem Herzen:
Befreie, Gott, die Welt von Schmerzen!

(46) Der fromme Wunsch ist kostenfrei,
was ihn beliebt macht, nebenbei.

(47) Gott sorgt für uns. Nichts wird geschehn.
Was spricht der Pfarrer wieder schön!

(48) Warum lässt Gott, zu Recht fragst du,
Krieg, Schicksalsschlag und Unrecht zu?

(49) Bei Krisen oder Katastrophen
stottern die Pfarrer wie die Doofen.

(50) Es spricht sich leicht: „Alles wird gut!"
Gesetzt, dass Gott ein Wunder tut.

(51) Wo Menschen nicht mehr weiterkönnen,
da schicken sie gern Gott ins Rennen.

(52) Wenn Gott dann selber dankend passt –
ob du ein Zerrbild von ihm hast?

(53) Der Gott, der über allem wacht,
ist eigentlich gut ausgedacht.

(54) Er zieht die Strippen, macht das Wetter,
ist außerdem auch unser Retter.

(55) Nur teils benimmt sich Gott daneben,
ein bisschen launisch ist er eben.

(56) Gott straft bisweilen mit Getöse,
dann wärmt er wahllos gut und böse.

(57) Der Mensch sieht schaudernd Gottes Schalten
und sieht nur rohe Kräfte walten.

(58) Doch lässt man's ihn da oben richten,
kann man in seine Nische flüchten.

(59) Wie den Soldat die Pickelhaube
beschützt den Frommen ja sein Glaube.

(60) Es malt sich jeder seinen Gott:
Die Macht, das Geld, den Zebaoth.

(61) Der Mensch ist eben keine Wanze.
Er braucht den Blick aufs Große Ganze.

(62) Die Frage ist: Wer profitiert?
Wie hilft es leben? Wer verliert?

(63) Der Fromme rettet unsre Welt,
der Böse zählt daheim sein Geld.

(64) Dem Frommen drohn Gericht und Hölle,
der Böse baut sich 'ne Kapelle.

(65) Die Welt ist leider nicht gerecht,
nennt Böse gut und Gute schlecht.

(66) Gern sonnt man sich im eignen Glanze
und pfeift dabei aufs Große Ganze.

(67) So geht's im Leben: buckeln, treten,
zur Seite beißen, sonntags beten.

(68) Es gab noch stets im weiten Schoß
der Kirche Platz für klein und groß.

(69) Doch macht der Glaube uns nicht gleich.
Denn arm bleibt arm und reich bleibt reich.

(70) Fehlt es an Mitteln und Moneten,
dann nützt kein Singen und kein Beten.

(71) Wie man das Leben dreht und wendet:
Es bleibt ernüchternd unvollendet.

(72) Auch für den größten Gottesstreiter
geht es am Ende nicht mehr weiter.

(73) Was vorher nicht zur Liebe reichte,
vergibt dir keine letzte Beichte.

(74) Was ist der Tod? - Wenn, was du bist,
belanglos und vergessen ist.

(75) Die Menschen, die gestorben sind,
verlieren sich wie Staub im Wind.

(76) Bist du noch einem Menschen wichtig,
lebst du noch in ihm, folgerichtig.

(77) Der Mensch vergeht und alles bleibt,
nur dass es andre Blüten treibt.

(78) Der Pfarrer spricht von Ewigkeit,
das kostet nichts. Nenn's Glauben light.

(79) Stehst du bei Wikipedia drin,
dann bist du mit dem Tod nicht hin.

(80) Ist Leben nicht ganz wunderschön,
wenn wir nicht so genau hinsehn?

1.4 Stammtischklopfer und Latrinenparolen

(1) Wenn ich der Bundeskanzler wär,
macht ich mir's aber nicht so schwer.

(2) Statt rumzureden und zu plieren
würd ich ganz einfach durchregieren.

(3) Bei zwischenstaatlichen Querelen
würd ich die große Lösung wählen.

(4) Statt ewigem Verhandlungsstress
macht' ich per Daumen kurzen Prozess!

(5) Erst Krieg beginnen, dann verlieren?
Mir könnte sowas nicht passieren.

(6) Natürlich bin ich Demokrat,
doch brauchen wir den starken Staat.

(7) Der Adolf, ja, da ist kein gleicher.
Nur leider war er Österreicher.

(8) Landkarten lieb ich aus dem Jahr,
als Deutschland noch am größten war.

(9) Der Trump ist doch ein toller Mann.
Der fickt die andern, wo er kann.

(10) Den Medien und der Lügenpresse
stopft man mit Fakenews schnell die Fresse.

(11) Wer wen betrügt und wer wen killt –
darüber bin ich gut im BILD.

(12) Die ganzen linken Stink-Bazillen
würd ich als Kanzler erst mal killen.

(13) Die Penner, Drogis hörn vergast,
zumindest alle in den Knast.

(14) Wer Kinder schändet, Tiere quält,
gehört für mich lebend gepfählt.

(15) Ausländer sind 'ne große Plage,
belasten unsre Kläranlage.

(16) Das schöne deutsche Ambiente
besudeln lauter fremde Elemente.

(17) Das Land ist flüchtlingsüberflutet,
die Deutschen sind bald ausgeblutet.

(18) An Straßenecken, Bordsteinkanten,
betteln inzwischen Asylanten.

(19) Sie stehlen uns die Arbeitsplätze.
Und das erlauben die Gesetze!

(20) Und sie sind scharf auf unsre Frauen
(weil ihre nur durch Schlitze schauen).

(21) Es gilt nun mal ganz generell:
Der Deutsche ist vom Typ her hell.

(22) Kommt mir son dunkler Typ entgegen,
schlag ich ein Kreuz (der Abwehr wegen).

(23) Ich hab nichts gegen Ausländer,
nur, find ich, sie gehörn nicht her.
(24) So'n Dunkler, Schwarzer, muss ich sagen,
bereitet mir stets Unbehagen.

(25) Wenn einer dann noch bärtig ist:
Ist der vielleicht ein Terrorist?

(26) So manches freundliche Gesicht
tarnt einen Schläfer, weiß man nicht!

(27) Die Türken, Neger und Kanaken,
die sollten ihre Sachen packen.
(28) Es warnt zu Recht ein BILD-Artikel:
Die Türken werfen wie Karnickel.

(29) Dönerbude, Schuhputzstuhl,
sind wir denn jetzt in Istanbul?

(30) Burka, Tschador, Kopftuch, Schleier:
Das geht schon mächtig auf die Eier.

(31) Das weiß man längst: Die Sinti, Roma
sind dreckig und beklaun die Oma.

(32) Albaner, Russen und Rumänen
benehmen sich hier wie Hyänen.

(33) Die Polen sind zuerst nett drauf.
Doch pass auf deine Sachen auf!

(34) „Willkommen" ist auf Dauer frustig.
Jetzt ist mal endlich Schluss mit lustig!

(35) Das Boot ist voll, man muss es leeren!
Verbietet zeugen und gebären!

(36) Die Tiere lehren uns das Wissen:
Was fremd ist, das wird weggebissen.

(37) Die Zeitung schreibt, dass Kinder hungern?
Soll'n sie nicht auf der Straße lungern!

(38) Wir brauchen mal 'ne Pandemie,
sonst lösen wir den Hunger nie.

(39) Was denn? In Deutschland, unser Klima?
entwickelt sich doch richtig prima!

(40) Was kümmert uns der Klimawandel!
Uns geht es gut. Wir treiben Handel.

(41) Die ganzen wilden Katastrophen
erfindet man nur für die Doofen.

(42) Ich leb wie Otto nach dem Motto:
Am Samstag Fußball, Bier und Lotto.

(43) Dass einer mir noch widerspricht -
bei mir zuhause gibt's das nicht.

(44) Muss ich, was andere lallen, fassen?
Für mich gilt: Nichts gefallen lassen!

(45) Das geht an jedermanns Adresse:
Wer blöde glotzt, kriegt in die Fresse!

(46) Tut einer meinem Hund was an,
ist der schon gleich ein toter Mann.

(47) Treff ich mal so'ne schwule Sau,
dann schlage ich den grün und blau.

(48) Ich kann das nur als krank beschreiben,
wenn Männer es mit Männern treiben.

(49) Für mich sind Transen oder Tunten
nichts als Laternenpfahl ganz unten.

(50) Die Frauversteher und die Schleimer,
die tret ich in den Abfalleimer.

(51) Wanzt einer sich an Frauen ran,
dann hat er keine Eier dran.

(52) Die Grünen wissen alles besser.
Ich hasse diese Körnerfresser!

(53) Hast du die Grünen mal betrachtet?
Sie haben die Moral gepachtet.

(54) Die Ökofreaks und Veggie-Liesen,
die wollen mir mein Steak vermiesen.

(55) Hör mir bloß auf mit den Parteien:
nichts tun und desto lauter schreien!

(57) Was bringen denn die ganzen Wahlen?
Was du stets musst, ist Steuern zahlen!

(57) Vereinte Staaten von Europa?
Oh Mann, bis dahin bin ich Opa!

(58) Die ganze Welt wird statt gerechter
von Tag zu Tag bloß immer schlechter.

(59) Man quetscht aus uns die letzte Steuer,
und gleichzeitig wird alles teuer.

(60) Unrecht, Betrug, in Kassen fassen?
Du darfst dich nicht erwischen lassen!

(61) Musst du vielleicht zum Anwalt gehen,
lernst du von ihm das Recht verdrehen.

(62) Die Ärzte sind doch alle gleich.
Wir werden krank, sie werden reich.

(63) Jagt Handwerker zum Hindukusch!
Erst komm'n sie nicht. Dann bau'n sie Pfusch.

(64) Auf Ämtern wird man nur noch krank
und scheuert Stuhl und Hintern blank.

(65) Was du auch zu verbergen hast:
Du bist längst digital erfasst.

(66) George Orwell hat es vorgedacht:
Wir werden alle überwacht.

(67) Was nützen Passwort und Gesetz!
Wir hängen alle mit im Netz.

(68) Per Smartphone, Chip und Internet
steigt Google mit ins Ehebett.

(69) Glaub nicht, was sie im Fernsehn zeigen!
Das meiste tun sie uns verschweigen.

(70) Nimm Polenfeldzug, Golfkrieg, Drogen:
Der Kriegsanlass ist stets gelogen.

(71) Die Großen, in Geheimabkommen,
hab'n doch die Macht längst übernommen.

(72) Die Global Player sieht man eilen,
die Welt unter sich aufzuteilen.

(73) Laut schreien sie beim Wort sozial.
Still häufen sie ihr Kapital.

(74) Der Kosmos hat uns im Visier
und hat schon seine Posten hier.

(75) Die Aliens sind unter uns,
sie tarnen sich als Hinz und Kunz.

(76) Es geht Gerücht, dass der Planet
ganz kurz vor seinem Kollaps steht.

(77) Achtet die Zeichen, nutzt die Zeit,
Harmágeddon ist nicht mehr weit!

(78) Wacht auf, ihr Völker dieser Erde
und sattelt eure Schaukelpferde!

(79) Klima, Kriege, Macht und Gier
schaut man sich besser an mit Bier.

(80) Die Dinge laufen, wie sie laufen.
Ich bin für fressen, ficken, saufen.

1.5 Suffsprüche

(1) Die Wahrheit ist: das wilde Saufen
erlernten wir schon vor dem Laufen.

(2) Der Suff hat viele schon zerstört –
doch auch beflügelt, wie man hört.

(3) Beethoven, Goethe, Hesse, Frisch:
Da stand stets Wein mit auf dem Tisch.

(4) Die Mehrzahl schluckt versteckt allein
und wahrt vor anderen den Schein.

(5) Beim Abends-in-der-Kneipe-Saufen
trifft man dann auch auf Säuferhaufen.

(6) Das Saufen, Freund, ist keine Sünde.
Zum Saufen gibt es tausend Gründe.

(7) Es säuft der Pfarrer, der Prälat,
die Putzfrau und der Studienrat.

(8) Der Bürohengst, ist er allein,
kippt sich mal schnell 'nen Flachmann rein.

(9) Der Maurer leert 'nen Kasten Bier
und stürzt danach aus Stockwerk vier.

(10) Der Seemann köpft 'ne Pulle Rum
und fällt dann auf der Hure um.

(11) Der Pastor süffelt paar Glas Wein
und schläft sanft auf der Kanzel ein.

(12) Der Architekt begießt mit Sekt
zum vierten Mal schon sein Projekt.

(13) Der Bauer säuft zwei Flaschen Gin,
erschlägt dann Vieh und Bäuerin.

(14) Die Nutte trinkt im Dienst nur Sprudel,
braucht ihre Kräfte für die Nudel.

(15) Der Freak brennt sich im Keller Schnaps
und kriegt danach 'n Herzkollaps.

(16) Es greift ins Schrankversteck der Papa,
gönnt sich mal schnell paar Gläser Grappa.

(17) Es schießt, nach einer Flasche Korn,
der Jägersmann meist noch nach vorn.

(18) 'Ne Whiskypulle und 'nen Colt:
Das braucht der Mann, schürft er nach Gold.

(19) Likör taucht Giftiges in Süße
und sackt am Ende in die Füße.

(20) Cognac verströmt vornehmen Geist –
bis einer auf den Teppich scheißt.

(21) Hast du paar Bembel erst geleert,
erscheint dir gar nichts mehr verkehrt.

(22) Wer Wein als Schorle macht zur Brause,
braucht viele Gläser bis zur Sause.

(23) Der Karrierist kippt Drinks und raucht,
weil man das zum Vergessen braucht.

(24) Den Hugo schlürft man meist in Herden,
er hat das Zeug zum Süchtigwerden.

(25) Trinkst du dein Bier nur noch als Radler,
fühlst dich im Sattel wie ein Adler.

(26) Berliner schwören auf die Weiße.
Ich finde, sie schmeckt einfach Scheiße.

(27) Trinkt man die Weiße dann mit Schuss,
versaut's endgültig den Genuss.

(28) Kein Säufer steht auf einem Bein.
Beim Wodka müssen's viele sein.

(28) Ein-kurz-ein-lang, ostfriesisch herb,
so geht der Suffkoppwettbewerb.

(30) Der Obstler macht dich matt und trübe
und steigt dir mächtig in die Rübe.

(31) Paar Jagertees zur Pistenpause
macht aus der Abfahrt eine Sause.

(32) Die Jungdoktoren auf dem Campus
begießen ihren Hut mit Schampus.

(33) Die Bowle, dass sie richtig schmeckt,
hat – Vorsicht! – in sich was versteckt.

(34) Bauchspeicheldrüse, Leber, Magen:
mit Alkopops kannst du sie schlagen.

(35) Gelingt der selbstgebraute Fusel,
dann hattest du gehörig Dusel.

(36) Wenn in der Bar sich nichts mehr find't,
tut's notfalls auch ein Fass Absinth.

(37) Selbst Kaffee, das macht schon betroffen,
macht manche Menschen ganz besoffen.

(38) Im Wasser, ohne jetzt zu unken,
ist auch schon einer mal ertrunken.

(39) Hat einer Geld und Haus versoffen,
kann man bei Frau und Kind kaum hoffen.

(40) Und ist dann einer endlich trocken,
kann er ja rauchen oder zocken.

1.6 Anhang: Sprüche über die Deutschen

(1)   Der Nordfriese

In Friesland und in Kiel
spricht man nicht wirklich viel.

(2)   Der Ostfriese

Der Friese liebt die See
und trinkt den Grog mit Tee.

(3)   Der Hamburger

Der Hanseat mehrt Geld
und ist ein Mann von Welt.

(4)   Der Bremer

Die Bremer Musikanten
sind Leitbild-Asylanten.

(5)   Der Niedersachse

Er liefert erdverwachsen
VWs und Schweinehaxen.

(6)   Der Hannoveraner

Kommt einer aus Hannover,
ist er noch längst kein doofer.

(7)   Der Harzer

Walpurgisnacht am Brocken:
Da gehn die Hexen rocken.

(8)   Der Ostsee-Insulaner

Auf Usedom und Rügen
gibt's Sonne, Sand, Vergnügen.

(9)   Der Mecklenburger

Bedächtig ist man, dröge,
doch ehrlich als Kollege.

(10)   Der Brandenburger

Im Land der tausend Seen
lernt deine Seele gehn.

(11)   Der Magdeburger

Die Magdeburger waren
berühmt — vor vielen Jahren.

(12)   Der aus'm Osten

Der Osten liebt's Gequatsche
und baut an seiner Datsche.

(13)   Der Berliner

Selbst bei 'ner derben Schlappe
hat er 'ne große Klappe.

(14)   Der Hauptstädter

Berlin! Das ist die Stadt,
wo man noch Koffer hat.

(15)   Der Spreewälder

Hier zieht der Sorben Seele
sich Gurken und Kanäle.

(16)   Der Westfale

Selbst die Westfalen-Mädel
sind stur mit dickem Schädel.

(17)   Der aus'm Ruhrpott

Im Ruhrpott kennt die Woche
nur Fußball und Maloche.

(18)   Der Dortmunder

In Dortmund sind die Farben
Schwarzgelb, noch wenn sie starben.

(19)   Der Kölner

Der Kölner, ja wem gleicht er?
Vor allem nimmt er's leichter.

(20)   Der Frankfurter

Es trägt der Frankfurt-Hesse
Krawatt und feine Blässe.

(21)   Der Darmstädter

Der Hesse weiter südlich
mag's grüner und gemütlich.

(22)   Der Thüringer

Was Thüringen erhöhte,
ist außer Bratwurst Goethe.

(23)   Der Sachse

Am Schnodderton und Flachsen
erkennst du gleich den Sachsen.

(24)   Der Dresdner

Die wunderbare Stadt
Kultur und Bräune hat.

(25)   Der Pfälzer

Der Pfälzer kommt im Witz vor
als Hanswurst und als Schlitzohr.

(26)   Der Saarländer

Das Personal ist schmal
und schwierig lingual.

(27)   Der Badenenser

Hier liebt man Wein und Licht
und singt mehr als man spricht.

(28)   Der Alemanne

Zwar sprachlich wie Exil,
verhinderte man Whyl.

(29)   Der Schwabe

Man sagt, dass echte Schwaben
stets noch was hinten haben.

(30)   Der Franke

Er schwenkte braune Banner.
Doch backen, wursten kann er.

(31)   Der Bayer

Was ist ein echter Bayer?
Vor allem hat er Eier.

(32)   Der Münchner

Der Münchner jazzt und dichtet
und ist der Kunst verpflichtet.

(33)   Der Deutsche

Der Deutsche liebt die Buche —
und ist noch auf der Suche.

2. Buch:

WiderSprüchliches über die Liebe

2.1 Spruchweisheiten über die Liebe

(1) Die Liebe (wie das Heldentum)
bleibt immer ein Mysterium.

(2) Noch jeder Mensch, was er auch triebe,
trägt in sich selbst ein Lied der Liebe.

(3) Die Liebe macht, gleich, ob sie glückt,
die meisten Menschen ganz verrückt.

(4) Teils wie ein Blitz, manchmal nur mählich
trifft Liebe uns unwiderstehlich.

(5) Der Schlichteste wird zum Poet
wenn es um Herz und Liebe geht.

(6) Hast du für Liebe keine Worte,
stehst du wie'n Ochse vor der Pforte.

(7) Du glaubst, du kannst die Liebe fühlen,
wenn in dir wild Gefühle wühlen.

(8) Wer weiß? Was da so in dir rauscht,
hat bloß die Sehnsucht aufgebauscht?

(9) Nicht Liebe fesselt unser Herz.
Viel tiefer greift der Liebesschmerz.

(10) Zuneigung, Sehnsucht, Innigkeit:
In Wahrheit geht's um Sicherheit.

(11) Wir stürzen aus dem Elternnest
und klammern uns am Partner fest.

(12) Bindung und Schutz braucht jeder Gickel.
Die Liebe ist ihm bloß Vehikel.

(13) Leicht fliegt die Liebe hin und her.
Doch Bindung macht sie tonnenschwer.

(14) Genau besehen ist die Liebe
nur ein Gemisch diverser Triebe.

(15) Was Liebe ist, Kalkül, Begehren:
Wer will das immer alles klären?

(16) Und sollte, hängt sich einer rein,
die Liebe stets sein Antrieb sein?

(17) Schwärmt einer von der reinen Liebe,
dann geht's ihm meist um schnöde Triebe.

(18) Liebe durchweht den Körper lose.
Lust hat ihr Zentrum in der Hose.

(19) Die Liebe trägt versteckt im Kleid
Sex, Nähe und Geborgenheit.

(20) Der Mann will Sex, dann wird er klein,
die Frau will's nah, dann kindlich sein.

(21) Nicht allzu oft gelingt es beiden,
die Ebenen zu unterscheiden.

(22) Die Liebe und die Angst, mein Kind,
ein Leben lang Geschwister sind.

(23) Es ist bekannt aus alter Zeit:
Wo Liebe stirbt, ist Hass nicht weit.

(24) Wo Liebe einfällt, blüht der Charme.
Und anderseits schrillt's auch Alarm.

(25) Die Liebe jagt im Großeinsatz
meist alles andere vom Platz.

(26) Nichts macht wie Liebe uns gesund,
und nichts schlägt so wie Liebe wund.

(27) Kein Zauber hilft es zu vermeiden:
Die Liebe lehrt die Menschen leiden.

(28) Das Lieben ist ein Weg der Schmerzen.
Denn nur was wehtut, geht zu Herzen.

(29) Für Werthers Tod, was da der Grund war?
Mensch, Liebe machte ihn verwundbar!

(30) Unglücklich lieben, welch ein Glück,
macht Lieben zum Theaterstück!

(31) Kannst du dich an das Alte klammern,
dann hast du immer was zu jammern.

(32) Es braucht der Kummer bittre Liebe.
Denn Unglück hält die Seele trübe.

(33) Wer mehrmals scheitert, wird viel-ehig
oder er denkt: „Nicht partnerfähig!"

(34) Es trinkt sich soff und frisst sich platt,
wer gar nichts mehr zu lieben hat.

(35) Nenn es Beziehung, nenn es Liebe:
'swär besser, wenn man solo bliebe!

(36) Ist partnermäßig alles trübe,
schwärmt man von kosmisch-weiter Liebe.

(37) Auch da keimt Liebe irgendwo,
geht einer in den Streichelzoo.

(38) In Affenliebe hält man fest,
was einen grad noch leben lässt.

(39) Nichts fördert, dass man ledig bliebe,
mehr als der Traum der großen Liebe.

(40) Es hängen an den kleinen Bäumchen
teils ganz besonders süße Pfläumchen!

(41) Die meisten möchten sich gern binden;
doch suchen klappt nicht. Man muss finden.

(42) Fehlt, sich zu zeigen, Schneid und Mumm,
strolcht man in Partnerbörsen rum.

(43) Als bisse dann der Beste an,
motzt Frau sich auf zum steilen Zahn.

(44) Spricht man vornehm von „Liebe machen",
tut's Schwung und Lust auch nicht anfachen.

(45) Alte Liebe lässt man reifen,
um gern mal drauf zurückzugreifen.

(46) Ganz unerschütterlich wird Liebe,
wenn andernfalls nur Leere bliebe.

(47) Nichts bleibt. Auch Liebe ist verderblich.
Die Sucht nach Liebe ist unsterblich.

(48) Die Liebe ist doch, sieh's mal so,
ein Spiel mit hohem Risiko.

(49) Erst pumpt die Liebe Menschen auf.
Zum Glück. Es folgt ein Dauerlauf.

(50) Verliebtsein ist wie Fieberwahn,
wie Dauerkarten-Achterbahn.

(51) Nichts röhrt so im Mental-Getriebe
wie dieses Emotionsding Liebe.

(52) Packt dich die Liebe, atme durch!
Sie macht dich sonst ganz schnell zum Lurch.

(53) Du denkst, die Liebe tut dir gut?
Ach, was verliebt man alles tut!

(54) Erst treibt die Liebe mächtig Dampf,
dann wird sie starr im Dauerkrampf.

(55) Die Liebe möchte es gemeinsam,
jedoch – sie macht weit öfter einsam.

(56) Fühlst du dich leer und ungeliebt?
Sei froh, wo's Internet doch gibt!

(57) Bist einsam, fragt nach dir kein Aas?
Dann mach dir selbst ein bisschen Spaß!

(58) Ist jemand in sich selbst verliebt,
beglückt er sich, wann's ihm beliebt.

(59) *Den* Vorteil hat der Selbstbeglücker:
Er ist ja quasi stets am Drücker!

(60) Wenn von der Liebe nichts mehr bliebe,
dann bliebe mir die Katzenliebe.

(61) Nur selten läuft die Liebe rund.
Ganz anders die mit meinem Hund.

(62) Warum sollt' ich, wär ich Hirt,
mein Schaf nicht lieben, wenn es girrt?

(63) Ich liebe meinen S-Mercedes
und gehe keinen Schritt per pedes.

(64) Ich liebe Männer, liebe Frau'n,
weiß, rot und gelb und schwarz und braun.

(65) Ich liebe alles: ihn, es, sie.
Ich bin für Polyamorie.

(66) Für mich ist Liebe Vogelflug,
die Welt ist mir kaum groß genug.

(67) Wer alle liebt, liebt lieber keinen.
Dann hängt ihm keiner an den Beinen.

(68) Ich bin ein Mensch der freien Liebe.
Ich hasse Partnerschaftsgeschiebe.

(69) Ein Kind der Freiheit sei die Liebe!
Das wäre toll. Wenn's denn so bliebe.

(70) Es meidet Sex und schlimme Triebe,
wer sich verströmt in Nächstenliebe.

(71) Wenn man als Kind zu viel krakeelte,
dann meist, weil einfach Liebe fehlte.

(72) Sahst du als Kind nur die Kandare,
bleibt Liebe später Mangelware.

(73) Dem Misanthropen fehlte Liebe.
Jetzt gibt er acht, dass es so bliebe.

(74) Ist man vor Liebe auf der Flucht,
bleibt Hassen, Bosheit, Eifersucht.

(75) Manch einer will platonisch lieben,
und ist dann ungenau verblieben.

(76) Lebt einer streng nach Zölibat,
bleibt seine Liebe sehr privat.

(77) Wie man's auch dreht beim Thema Liebe:
In jedem Falle lauern Triebe.

(78) Es rennt die ganze Kreatur
einander hinterher wie stur.

(79) Der kleine Unterschied zu Tieren
ist, dass wir Liebe komplizieren.

(80) Ach Liebe! Du gequältes Wort!
Was trägst du alles mit an Bord!

2.2 Zaubersprüche für Liebestolle

(1) Wenn sie nicht alle Kräfte kostet,
macht Lust bald schlapp und Liebe rostet.

(2) Das Topgeheimnis aller Liebe
wär einfach, dass man solo bliebe.

(3) Willst du in den Zaubergarten,
darfst du nicht zu lange warten.

(4) So mancher Erlenkönig hockt
auf deinem Zaun und winkt und lockt.

(5) Vertraust du jedem Säuselwort,
dann trägt's dich in den Nebel fort.

(6) Man sagt, vertraue deinem Herzen!
Ach, kurzer Leichtsinn, lange Schmerzen.

(7) Die schönsten Früchte bleiben Traum.
Sie hängen meistens hoch im Baum.

(8) Soll dir die Ernte wirklich glücken,
dann musst du, wo du drankommst, pflücken.

(9) Willst du die Blumen lang genießen,
musst du sie leicht, doch stetig gießen.

(10) Es kann dein Schatz ganz blöd aussehn:
Die Liebe macht ihn für dich schön.

(11) Es lohnt die Liebe alle Mühen,
selbst Totgeglaubtes kann noch blühen.

(12) Schäl mit Bedacht dein Zwiebelchen.
Wir alle sind Sensibelchen.

(13) Die Partnerwahl wird quälerisch,
ist man zu lange wählerisch.

(14) Nichts lässt die Liebe mehr entarten
als unbestimmtes langes Warten.

(15) Wenn einer sagt: Ich habe Zweifel,
dann schick ihn lieber gleich zum Teufel.

(16) Noch nicht, mal sehn, vielleicht und jein?
Nimm das Gestammel stets als „Nein"!

(17) Ein klares Ja, frei von Allüren,
öffnet dir alle Partner-Türen.

(18) Tust du dich schwer, dich klar zu binden,
musst du dich andrem erst entwinden.

(19) So schnüren sich die Partnerschlaufen:
Erst Ja. Und dann zusammenraufen.

(20) Die Zweierschaft, auf weite Strecken,
führt durch verhexte Dornenhecken.

(21) Bedenk, mein Prinz, es bleibt Dornröschen
stets ein narzisstisches Mimöschen!

(22) Rapunzel wär vielleicht gescheiter,
böt sie ihr Haar nicht an als Leiter.

(23) Tut dich das Blut im Tanzschuh quälen,
denk: besser noch als Erbsenzählen.

(24) Läufst du mit rotem Tuch im Wald,
dann finden dich die Wölfe bald.

(25) Blieb dir im Hals ein Gift-Kröpsch stecken,
kann sanftes Schaukeln dich erwecken.

(26) Es gibt das Spieglein an der Wand
die ganze Wahrheit nicht bekannt.

(27) Manch eine putzt sich schön vorm Spiegel
und bleibt dann doch ein Stachel-Igel.

(28) Schmeißt du die Kröte an die Wand,
nimmst du dein Glück in eigne Hand.

(29) Küsst du am Ende deinen Prinz,
spül vorher dir den Mund mit Minz.

(30) Die Liebe treibt's an jedem Ort,
macht Backen rot, fördert den Sport.

(31) Willst du auch mal am Boden schmusen,
verbläst du besser erst die Flusen.

(32) In Wald und Wiese lässt sich spaßen,
liegt man nicht auf Ameisenstraßen.

(33) Wer sich verliert im Liebespiel,
erlebt danach auch nicht mehr viel.

(34) Das Liebesbuch hat tausend Siegel.
Mal jauchzt du, mal beziehst du Prügel.

(35) Sind zwei zu Anfang nicht gleichwert,
dann schwankt auch später ihr Gefährt.

(36) Manch einer wird durch Heirat reich.
Der Haken ist: Man wird nie gleich.

(37) Soll eure Liebe überleben,
braucht sie ein gleiches Nehmen-Geben.

(38) Speziell der Sex braucht zum Gelingen
gleichwertiges Zusammenklingen.

(39) Kam euch abhanden Lust und Lachen,
müsst ihr im Dunkeln weitermachen.

(40) Ein Partner-TÜV nach zwei, drei Jahren
hilft, wenn die Liebe festgefahren.

2.3 Leitsprüche zum Küssen und Berühren

(1) Das Küssen ist mit Recht beliebt —
sofern es schmeckt und Einlass gibt.

(2) Der Kuss erfolgt meist Mund zu Mund
und braucht im Grunde keinen Grund.

(3) Es küsst der Mensch Hals, Mund, Visage
und bringt den ganzen Leib in Rage.

(4) Der ganze Körper, musst du wissen,
nicht nur der Mund, ist scharf aufs Küssen.

(5) Schmecke langsam nach beim Küssen,
denn was noch folgt: Wer kann das wissen?

(6) Als Vorspiel brauchst du einen Kuss,
der sich dann fortentwickeln muss.

(7) Sodbrennen, Mundgeruch und Rauchen
kann man beim Küssen gar nicht brauchen.

(8) Wer Meister werden will im Küssen,
wird sehr viel Speichel lecken müssen.

(9) Der Hypochonder zählt im Stillen
beim Zungenküssen die Bazillen.

(10) Bei weichen Küssen kann man träumen,
mit harten bringt man sich zum Schäumen.

(11) Der Bisskuss kommt aus tiefstem Herzen.
Er scheut nicht Mühen und nicht Schmerzen.

(12) Beim Wühlkuss gibt es gar kein Halten.
Gib Acht! Man kann den Rachen spalten.

(13) Der Sabberkuss reißt keine Wunden,
doch fehlt der Unterschied zu Hunden.

(14) Der längste Kuss geht mal zu Ende.
Dann kommt die große Zeit der Hände.

(15) Es heißt, das stärkste Liebeskraut
sei schlichtes Streicheln auf der Haut.

(16) Man streichle sanft, fest oder weich;
das Streicheln ist ein Zauberreich.

(17) Die Seele lahmt, die Pumpe gluckert,
sind wir berührungsunterzuckert.

(18) Willst du genesen, hilft sich drücken
und offen in die Augen blicken.

(19) Der Mensch braucht wie das Herdenvieh
Berührung. Nur: wie kriegt er die?

(20) Wir stammen alle aus dem Warmen
und brauchen lebenslang Umarmen.

(21) Der Mensch, im Grund zu früh geboren,
fühlt ohne Nähe sich verfroren.

(22) Glatt, weich und warm und höchst empfindlich
bleibt unsre Haut im Grunde kindlich.

(23) Kein Panzer, Stachel, Lederhaut:
Wir sind ganz ohne Schutz gebaut.

(24) Das wärmt den Menschen: Halten, Drücken
und sich umgarnen mit den Blicken.

(25) Umarm mich gerne auch im Sturm,
jedoch nicht à la Eifelturm!

(26) Dicke umarmen scheint nur schwer:
erst links herum, dann rechts umher.

(27) Es dient der Blick zwar der Verführung.
Den Hunger stillt erst die Berührung.

(28) Des Menschen Haut, ausdehnungsmäßig,
ist sozusagen stets gefräßig.

(29) Will man sich mit Gewalt was nehmen,
dann wird's die andre Seite lähmen.

(30) Zeigt einer sich dem anderen nackt,
wär besser der Kontakt intakt.

(31) Es sind so viele Nähestunden
mit Misserfahrungen verbunden.

(32) Sosehr die Nähe uns gefällt,
ist sie auch stets ein Minenfeld.

(33) Es steckt in jeder Hautberührung,
oft, lange angestaut, Verführung.

(34) Wenn du den andern an dich lässt,
stößt du zugleich ins Wespennest.

(35) Was man dir antat seinerzeit,
umgibt dich wie ein Unterkleid.

(36) In Liebe und in langen Stunden
verheilen dann auch alte Wunden.

(37) Wühlt alter Ärger dir im Bauch?
Berührung löst ihn auf in Rauch.

(38) Allein im Bett – hast du's beliebig,
doch partnermäßig nicht ergiebig.

(39) Liegt ihr zusammen, Arm in Arm,
nährt sich die Liebe, habt ihrs warm.

(40) Doch tötet es die Fleischeslust,
wenn du erst noch was machen musst.

2.4 Streitsprüche für den Partnerkampf

(1) Sich lieben ist ganz leicht gemacht.
Doch warte, wer am letzten lacht!

(2) Wie schön, denkt sie, die Liebe wäre,
käm' uns der Sex nicht in die Quere.

(3) Allmählich kommt mir die Empfindung:
Du willst zwar alles, bloß nicht Bindung.

(4) Mal hin, mal her, mal anderwärtig –
Beziehung macht mich fix und fertig.

(5) Das bringt dir, Kind, die Zweisamkeit:
Man teilt die Freud und doppelts Leid.

(6) Die Männer wolln sich nicht entscheiden,
und Kompliziertes gern vermeiden.

(7) Die Frauen sind meist zimperlicher,
bist nie vor Überraschung sicher.

(8) Dem Mann gilt Ehe als Gewähr
für dauernden Geschlechtsverkehr.

(9) Die Frau denkt: Halt ihn erst mal fest!
Und später regeln wir den Rest.

(10) Es irrt, wer denkt, sich gut entscheiden
bedeute, später Streit vermeiden.

(11) Die Zweisamkeit braucht Krach und Streit,
sonst wär sie einsam, nicht zu zweit.

(12) Der Traum von steter Harmonie
löst sich bald auf, du glaubst nicht, wie.

(13) Sich streiten ist ein Kinderspiel:
Sie redet und er sagt nicht viel.

(14) Was hinter Wohnungstüren tobt,
macht Pazifisten kampferprobt.

(15) Die Liebe wird zum langen Marsch,
bist du im Partnerkampf der Arsch.

(16) Mit regem Streiten und Versöhnen
könnt ihr jedoch die Liebe krönen.

(17) Fall'n dir beim Fahr'n die Lider runter,
macht dich ein alter Streit putzmunter.

(18) So mancher Teppich lernt nie fliegen,
weil unter ihm die Sachen liegen.

(19) Ich sag mal so: von meiner Ollen
hab ich die Nase voll geschwollen.

(20) Am liebsten wär ich einfach du.
Dann hätt ich endlich vor dir Ruh.

(21) Vergisst du mal den Hochzeitstag,
gilt das als reinster Mordanschlag.

(22) Was früher mal mein Liebster war,
entpuppte sich als austauschbar.

(23) Der andre grinst. Dich bringt's in Rage?
Schau dir mal selbst in die Visage!

(24) Wenn du sie richtig ärgern willst,
wär's gut, wenn du ihr Smartphone killst.

(25) Es macht ihn schnell fuchsteufelswild,
läufst du beim Fußball ihm durchs Bild.

(26) Viel besser als zu viel Geduld
ist: Schieb zum Partner alle Schuld.

(27) Zeigst du auf andre mit dem Finger
macht es die eigne Schuld geringer.

(28) Und wenn du auch im Glashaus sitzt,
wirf kräftig Steine, bis es spritzt.

(29) Gesetzt, dein Mann macht auf cholerisch –
das kannst du besser: Werd hysterisch!

(30) Wie kommt man weiter in der Liebe?
Ganz leicht: Bei Unlust setzt es Hiebe.

(31) Kommt dir der Partner wieder patzig,
schlag fester zu, und zack, es hat sich.

(32) Allein, so denken Frauen,
kann jeder mich verhauen.
Als Ehefrau von Reiner
verhaut mich nur noch einer.

(33) Hätt ich doch besser aufgepasst,
ich säße nicht im Eheknast!

(34) Ist einer lieb und endlos gütig,
macht es den andern schrecklich wütig.

(35) Wenn Männer nölen oder maulen,
dann musst man sie na wo schon kraulen.

(36) Sprichst du mal Stuss, baust du mal Mist,
frag unschuldssanft: „Ob denn was ist?"

(37) Wer sich das Maul verschmiert mit Zucker,
wird adipöser Wutverschlucker.

(38) Bei uns zuhaus, wenn man sich stritt,
bekam man nichts und alles mit.

(39) Lebst du in Dauerzweisamkeit,
sind Mordgedanken meist nicht weit.

(40) Verschweigen, lügen oder heucheln:
die Liebe lehrt geräuschlos meucheln.

(41) Die Liebe macht erfinderisch
für alle Sorten Giftgemisch.

(42) Es käm', wenn der Gemahl erbliche,
dir besser niemand auf die Schliche.

(43) Statt nächtelang euch zu bekriegen
versucht's mal mit zusammenliegen.

(44) Wenn gar nichts geht, pack deine Sachen.
Dann musst du halt was andres machen.

(45) Wer satt hat: schnarchen, Sex, sich fetzen,
der lernt den Einzelschlaf zu schätzen.

(46) Willst du dich trennen, geht's ganz schnell,
hast du wen anders personell.

(47) Endlich getrennt! Frei lacht der Morgen.
Was nervt, ist dann das Nach-Entsorgen.

(48) Man bleibt zusammen, auch wenn's kracht,
weil Einsamsein noch mürber macht.

(49) Wenn zwei sich streiten, schaffen sie
sich Platz für neue Harmonie.

(50) Zu zweit ist schlecht, allein noch herber.
Denn *in dir* hockt der Spaßverderber!

(51) Lass uns, sagt Lis zu ihrem Eugen,
heut mal von etwas andrem schweigen.

(52) Fahr raus im Auto und allein,
dann kannst du toben, wüten, schrein.

(53) Oft, dass den Partner man verhöhne,
sind wirksamer die leisen Töne.

(54) Nichts lässt mehr Ängste in uns keimen
als ein Getue im Geheimen.

(55) Ein Gift, das stark, doch langsam wirkt,
ist, was dem Partner man verbirgt.

(56) Hast du den Partner mal gehörnt,
hat es ihn meistens abgeturnt.

(57) Der Seitensprung beschwert die Liebe,
doch schmiert er dir auch das Getriebe.

(58) Wer einmal fremdging, warum sollte
der nicht noch einmal, wenn er wollte.

(59) Ein kurzer Seitensprung bringt meist,
dass man sich neu zusammenschweißt.

(60) Springst du zu oft, zu lang zur Seite,
dann endet's immer in der Pleite.

(61) Pflückst du paar Kirschen anderswo,
kann's sein, der Partner ist ganz froh.

(62) Vielleicht, zum Schein schwer ausgerastet,
fühlt er in Wahrheit sich entlastet.

(63) Die beste Form ihn zu verlieren,
ist rundum ihn zu kontrollieren.

(64) Die Eifersucht ist eine Pest.
Sie kettet dich am andern fest.

(65) Ist nicht die enge Zweierkiste
ein Fahren durch 'ne Schlaglochpiste?

(66) Offne Beziehung, schöne Welt!,
gleichzeitig Glücks- und Minenfeld!

(67) So'n Swingerclub ist obergeil,
macht dich zum reinen Körperteil.

(68) Der Partnertausch lässt Wünsche blühn.
Erst nachher ist sich keiner grün.

(69) Führt dich der Job oft auf die Reise,
ist menschlich das 'ne Einflugschneise.

(70) Rein aufwandsmäßig zu empfehlen,
soll man die Zweitbeziehung wählen.

(71) Schmeißt dich der Partner wütend raus,
rächt sich, gehört nur ihm das Haus.

(72) Die Rache ist erfinderisch
und hält die Wunden immer frisch.

(73) Im Streit, der schlimmste Urteilsspruch
ist immer der Kontaktabbruch.

(74) Der Rosenkrieg ist dann geglückt,
wenn jeder nur noch Dornen pflückt.

(75) Sich trennen geht im Augenblick.
Zum Lösen schaut man lang zurück.

(76) Frei bist du nie, auch wenn mit List
du dieses Mal entkommen bist.

(77) Wir nehmen immer alles mit
und sind am Ende selten quitt.

(78) Es hängt, selbst nach dem letzten Streit,
in dir der Kampf vergangner Zeit.

(79) Was Neues kann man nur erhalten,
wenn es sich fortpflanzt aus dem Alten.

(80) Manchmal, versehentlich, beim Hassen,
schmilzt Eis durch bloßes Rüberfassen.

2.5 Sprüche aus der Weiberküche

(1) Zu Männern fällt mir außer Schwein
beim besten Willen nichts mehr ein.

(2) Wie ich die Ehe dreh und wende,
es hakt am Anfang und am Ende.

(3) Du glaubst, dass du im Himmel bist,
und hinten raus kommt lauter Mist.

(4) Wen du auch wählst, wer dich begehrt:
du merkst dann doch, es war verkehrt.

(5) Willst du erst sehn, wie alles geht,
dann ist es meist für dich zu spät.

(6) Ach Sehnsucht Ehe – dass ich kotze!
Da sitzt du täglich vor der Glotze.

(7) Der Hund macht wau, die Katze muh,
der Mann macht rülps, die Frau hört zu.

(8) Wer zwingt uns denn, uns zu bestrafen
im lebenslangen Ehehafen?

(9) Bei Facebook, Twitter, Instagram
gibt's Partner light, en gros, plemplem.

(10) 'Nen Mann zu finden, ist extrem.
Mannsein an sich ist das Problem.

(11) Es ist der Mann ganz generell
verkehrsbezogen viel zu schnell.

(12) Was für ein Arsch! träumt er ihr nach.
Im Weitergehn sie Gleiches sprach.

(13) Ist auch der Partner erst ganz nett,
am Ende wird er träg und fett.

(14) Wobei ein Mann mitreden muss,
sind Fußball, Autos, Frauen. Schluss.

(15) Die Frauen finden leicht ihr Schema:
sie brauchen überhaupt kein Thema.

(16) Der Mann besteht (anders das Weib)
vor allem aus dem Unterleib.

(17) Die Männer wollen, hör mein Kind,
nicht wirklich viel. Das macht sie blind.

(18) Gib einem Mann, wonach er gickelt,
schon ist er um die Hand gewickelt.

(19) Schwanzwedelnd, glaub's, und augenblicklich
sind Hund und Mann ganz still und glücklich.

(20) Gibst du dem Mann dosiert dies Eine,
hast du ihn immer an der Leine.

(21) Glaub mir: Die tollste Heldenpose
verliert sich in der Unterhose.

(22) Man muss beim Mann strategisch denken
und ihn behutsam führn und lenken.

(23) Er braucht ja, dass er zu dir passt,
sich nur zu ändern, kurzgefasst.

(24) Mein Kind, lern das von deinem Vater:
erst kotzt die Katze, dann der Kater.

(25) Die Partnerwahl ist bloß ein Spiel.
Erst später wird es diffizil.

(26) Die Frauversteher sind ganz nett,
doch ohne allen Reiz im Bett.

(27) Es sind die Sportlichen und Schönen
ansonsten Partner nur zum Gähnen.

(28) Der Spanier zeigt sich gern voll Feuer,
im Hause ist er sehr viel scheuer.

(29) Der Brite liebt die äußre Form
und ist im Bett mehr unter Norm.

(30) Der Türke ist an sich ganz nett.
Er kratzt und beißt nicht, wird nicht fett.

(31) Ich warne dich, mein Kind, vor Schwarzen.
Sie hab'n den längsten, doch auch Warzen.

(32) Der Italiener macht viel Wind
und bleibt trotz Gockelpose Kind.

(33) Dem Macho fehlt Kultur und Stil,
hält auf Hygiene auch nicht viel.

(34) Das Gute am Dementen ist,
dass er es gleich danach vergisst.

(35) Man ist durchaus nicht blöd und depp,
nimmt man 'nen Mann mit Handicap.

(36) Suchst du dir einen mit viel Geld,
dann wird das Geld halt deine Welt.

(37) Hast du das große Los gezogen,
dann stehst du erst mal unter Drogen.

(38) Der Durchschnittsmann, nicht schlank, nicht reich,
ist dir zumeist am meisten gleich.

(39) Ob du den Mann, der zu dir passt,
nicht einfach übersehen hast?

(40) Wen immer wir uns schließlich angeln:
Wir müssen lernen, zu ermangeln.

2.6 Das Männeralphabet

(1) Die Frauen

Ich krieg die Fraun von A bis Z,
weil ich so toll bin, zack ins Bett.

(2) Adelheid

Da war die keusche Adelheid,
kam wie'n Vulkan, doch stets im Kleid!

(3) Babett

Babett hielt immer still im Bett,
und wurde mehrmals danach fett.

(4) Christel

Die Christel gab sich erst als Distel;
ich kriegte sie dann doch ins Kistel.

(5) Dorle

Sooft es ging bei meiner Dorle,
schoss ich ihr schnell ein kleines Torle.

(6) Edeltraud

Es war die fromme Edeltraud
in Wirklichkeit total versaut.

(7) Frauke

Laut war es immer mit der Frauke.
Sie kam wie 'ne Orchester-Pauke.

(8) Gundel

Es trieb's die nie zufriedne Gundel
zugleich mit mir und ihrem Hundel.

(9) Heide

Der Heide, meiner Augenweide,
tat ich so mancherlei zuleide.

(10) Inke

Ich fand die buntverputzte Inke
nur mühsam unter ihrer Schminke.

(11) Jette

Die Jette, anfangs eine Nette,
entpuppte sich als arge Klette.

(12) Klärchen

Das Klärchen nannte mich ihr Bärchen
und strich mir sachte durch die Härchen.

(13) Lieschen

Ins Grüne zog mit mir das Lieschen,
und goss voll Unschuld die Radieschen.

(14) Mariechen

Mariechens Duft! Ah! Vorm Bekriechen
ließ sie mich immer erst ma' riechen.

(15) Nele

Sooft ich kam bei meiner Nele:
sie nahm's von mir mit voller Seele.

(16) Olga

Es floss beim Vögeln aus der Olga,
als wäre sie die halbe Wolga.

(17) Pina

Es tanzte, auf mir sitzend, Pina,
den Liebestanz der Ballerina.

(18) Queenie

Es war nun mal der Tick der Queenie:
Sie machte es nur im Bikini.

(19) Rose

Die Rose griff mir gerne lose
beim Autofahren in die Hose.

(20) Simone

Es war die sportliche Simone
beim Dauervögeln meine Krone!

(21) Tina

Ein Fick mit dir, geliebte Tina,
war wie 'ne Reise bis nach China.

(22) Uschi

Fuhr ich durchs Buschwerk meiner Uschi,
dann schnurrte sie wie ihre Muschi.

(23) Veronika

Du warst für mich, Veronika,
die schönste Mundharmonika.

(24) Waltraut

Ich war, du wohlbehaarte Waltraut,
der erste, der sich in dein' Wald traut'.

(25) Xana

Es war mir, kam ich bei der Xana,
stets wie ein Eingang ins Nirwana.

(26) Yvonne

Ich hetzte mit Yvonne davon
wie'n Champion durch das Stadion.

(27) Zora

Kennst du zur Sommerzeit die Bora?
Dann weißt du: so war's mit der Zora.

2.7. Liederliche Sprüche übers Eigentliche

(1) Der Sex ist – literarisch – drollig;
doch in der Praxis eher prollig.

(2) Nichts setzt uns stärker in Bewegung
als unsre Unterhosen-Regung.

(3) Dies bisschen Schwanz, dies bisschen Möse
bringt durcheinander gut und böse.

(4) Fakt ist, ich hab was zwischen mir,
das piesackt und verdreht mich schier.

(5) Und andrerseits, zwischen den Füßen
kann man selbst bittre Nächte süßen.

(6) Im Kino, Kaufhaus, Fahrstuhl auch:
Stets wühlt mir was im Unterbauch.

(7) Guckt mich ein Mann mal etwas an,
denk ich sofort, was werden kann.

(8) Seh ich 'ne Frau, sitzt sie alleine,
schon schießt mir's mächtig in die Beine.

(9) Kommt Frau daher in Pumps und Strapsen,
japsen die männlichen Synapsen.

(10) Kaum steckt die Zunge oben drin,
ist untenrum die Tugend hin.

(11) Hat man sich erst in sich vertieft,
bricht alles los und tropft und trieft.

(12) Es kennt der Drang kein Halten mehr
und pfeift auf jede Gegenwehr.

(13) Leider, treibt man's besonders wild,
hört's schneller auf, als dass man's fühlt.

(14) Sei klug, nutz die Gelegenheit,
nur selten kommt sie gleich zu zweit.

(15) Bei mir muss keiner lange klopfen,
gibt's irgendwo ein Loch zu stopfen.

(16) Ich zeige niemals müde Glieder!
Mein Motto heißt: Ich kann schon wieder!

(17) Was leider schafft ist Leidenschaft,
die in der Scheide leicht erschlafft.

(18) Vom laufenden Gebrauch geschlaucht
sind Glieder, die man dauernd braucht.

(19) Nur mitgeschleppt und ganz verschwendet
sind Teile, die man nicht verwendet.

(20) Die Lust, der Sex, stirbt vorzugsweise
fast unbemerkt und meist ganz leise.

(21) Es war geschätzt vor hundert Jahren,
dass wir mal ineinander waren.

(22) Die Abstinenz entspannt vielleicht,
doch ist der Sex nur eingedeicht.

(23) Der unentwegte Triebverzicht,
ich sag's mal so, bekommt meist nicht.

(24) Wenn jemand glaubt, er muss sich wehren,
steigert's beim andern das Begehren.

(25) Grausig, wenn einer stark begehrt
und es der andre nur gewährt.

(26) Meist stört's den Lusteffekt komplett,
muss noch der Teddy mit ins Bett.

(27) Es wirkt der Liebste eher fremd,
trägt er beim Sex sein Smokinghemd.

(28) Sagt dir der andre Partner nein,
ziehst du dir halt 'nen Porno rein.

(29) Suchst deine Pornos tief im Schrank?
Sie sind nicht weg. Dem Sohn sei Dank.

(30) Dass ich ein Mädchen bin, ist dumm,
vor allem wegen untenrum.

(31) Dass ich ein Junge bin, ist blöd,
vor allem, wenn er plötzlich steht.

(32) Als Kind, im Bett der erste Klecks –
da ging schon los der Schweinkram-Sex.

(33) Und wenn, vielleicht, vom Onanieren,
doch Hirn- und Hodenschwund und Nieren...?

(34) Wenn er partout und sie nicht will,
dann rufen wir „April, April!"

(35) Sie will nicht, er macht Druck und will's:
Da hilft ein zäher Scheidenpilz.

(36) Bist du allein, nimm dir 'ne Dose,
hast du 'nen Dicken in der Hose.

(37) Du liegst in Stellung, und dann: nichts.
Das nennt man Schule des Verzichts.

(38) Wenn sie gern möchte, er nicht kann,
nähm' besser sie 'nen andren Mann.

(39) Was einem ganz die Lust verdirbt,
ist, wenn man grad beim Vögeln stirbt.

(40) Bist du schlecht druff, gibt's ja den Puff
und hinterher 'nen Wegspül-Suff.

(41) Nimmst locker. Jeder zehnte Mann
geht täglich in den Puff. Na dann.

(42) Es sind die Damen vom Empfang
in Wahrheit Gebende aus Zwang.

(43) Gibt eine Frau sich sanft und willig,
dann ist sie meistens nicht ganz billig.

(44) Ist auch die Katholikin nett,
liegt doch die Kirche mit im Bett.

(45) Die Schwedin soll sehr offen sein,
doch deshalb schwedisch lernen? Nein!

(46) Französinnen, heißt's, haben Feuer.
Vor allem kommen sie dich teuer.

(47) Du hast die Partnerdramen satt?
Thai-Damen kriegst du zahm und glatt.

(48) So geht die Männer-Herrlichkeit:
Die Frau ist stets empfangsbereit.

(49) Und stirbst du mit dem Angebot:
„Komm, schlaf mit mir!" – was für ein Tod!

(50) Es führt des Menschen Sex-Chemie
ihn in so manche Phantasie.

(51) Ich füllte mit 'nem Riesen-Stecher
so gern mal richtig ihr den Becher!

(52) Für manche Männer, sagen Fraun,
genügt ein Loch im Gartenzaun.

(53) Die immer laut nach Weibern schrein,
sind dann im Bett doch eher klein.

(54) Hätt ich 'ne Super-Top-Figur:
ich nähm die schärfsten Männer nur.

(55) Ich träumt, du kämst gelegentlich
mal wie 'ne Walze über mich!

(56) Willst du die Partnerin nur rammeln,
musst du danach die Scherben sammeln.

(57) Es schmälert mächtig den Genuss,
wenn man beim Fick aufpassen muss.

(58) Ist dein Präser kein ganz neuer,
dann wird es manchmal ziemlich teuer.

(59) Nur dann hältst du die Reue kurz,
sind dir die Folgen einfach schnurz.

(60) Es blüht in meiner Phantasie
so manches, das errätst du nie.

(61) Vor der Gewissens-Polizei
flücht ich in Träume. Die sind frei.

(62) Selbst noch im Traum war's unerlaubt,
was, Schwester, mir die Sinne raubt.

(63) Ich liebe meine Träume, Bruder,
da werd ich haltlos dir zum Luder.

(64) Dein Mann, ich sag es dir nur kaum,
verschärft mir oftmals meinen Traum.

(65) Bist einsam, Mutter? Komm, ich stecke
mich wieder unter deine Decke.

(66) Es reißt mich, Vater, her und hin,
ob ich noch deine Liebste bin.

(67) Den Sex bremst kein Tabu im Drang.
Ist wer nicht willig, geht's mit Zwang.

(68) Weißt du, was hinter Wänden läuft
und sich an Horror täglich häuft?

(69) Ist man zu lange festgeschnallt,
mutiert der Sex schnell zu Gewalt.

(70) Zunächst vergreift sich dann der Mann
an seiner Frau, dann wo er kann.

(71) Kommt Liebe nicht beim Partner an,
sind zum Ersatz die Kinder dran.

(72) Wenn Väter nach den Töchtern greifen,
brauchen die Mütter nicht zu pfeifen.

(73) Bist du 'ne Frau, dann bleibst zuhaus
und kommst mit deinen Kindern aus.

(74) Missbrauch kennt viele Schreckgestalten,
verbrennt den Leib, lähmt das Verhalten.

(75) Tust du den Partner abservieren,
steht er dann halt vor andern Türen.

(76) Fakt ist, dass das, was in uns treibt,
als Treibsatz in uns stecken bleibt.

(77) Zu zweit, zu dritt und auch im Rudel:
Es geht doch immer ums Gesudel.

(78) Die Schwulen, Lesben, weiß man lange,
die folgen ihrem dunklen Drange.

(79) Kino, Werbung, wo man schaut -
mein Gott, was ist die Welt versaut!

(80) Ob Trans, Bi, Queer, ob Frau, ob Mann:
Der Sex hängt halt an jedem dran.

3. Buch:

Sprüche über Unaussprechliches

Eine schamlose Anthologie

3.1 Ausdünstungen und Ausscheidungen

1 Körperflüssigkeiten

(1) Es ist der Mensch, das macht betroffen,
an ziemlich vielen Stellen offen.

(2) Was aus dir rausfließt und dich juckt,
ist, wohlgemerkt, ganz dein Produkt.

(3) Wir stammen eben aus dem Wasser,
sind folgerichtig öfter nasser.

(4) Salzwasser füllt uns zu zwei Dritteln.
Das lässt sich manchmal schwer vermitteln.

(5) Uns fließt der Saft aus allen Poren,
riecht manchmal etwas angegoren.

(6) Es dampft der Leib, es trieft die Nase,
am meisten stört es, nässt die Blase.

(7) Sauna, Sport und Sonnenhitze:
Zu uns gehört auch das Geschwitze.

(8) Doch merke: Besser durchgeschwitzt,
als trocken, hart und überhitzt.

2 Körpergerüche

(1) Der Mensch, gerüchlich und nasalisch,
bleibt überwiegend animalisch.

(2) Dem Menschen sind Gerüche eigen,
doch meistens liegt darüber Schweigen.

(3) Es fördern menschliche Gerüche
des einen Lust, des andern Flüche.

(4) Gerüche sind rund um die Paarung
für Partner eine Offenbarung.

(5) Ob wir uns duften oder stinken –
Die Liebe hilft Gerüche schminken.

(6) Uns bleiben als vertrautes Kleid
die Rüche unsrer Kleinkindzeit.

(7) Stammst du vom Milchhof auf den Almen,
darf auch dein Schatz nach Kuhdung qualmen.

(8) Je mehr du dem Parfum vertraust,
dir vor dem eignen Dufte graust.

(9) Hör die Kosmetikbranche schrein:
Wer nicht fein duftet, ist ein Schwein!

(10) Umhüllt mit Rosen und Lavendel
hat dich der Reinheitswahn am Bändel.

(11) Riechst du nach angebranntem Fett,
macht kein Parfum das wieder wett.

(12) Es wirken Schläge und Gekeife
nur halb so schlimm wie scharfe Seife.

(13) Besser als ein Veilchenbrief
riecht allemal der eigne Mief.

3 Mundgeruch

(1) Der Mensch würzt oft die Luft im Raum
und merkt es leider selber kaum.

(2) Beim Sprechen füllt der Mund die Luft
nicht bloß mit Worten, auch mit Duft.

(3) Dein Partner wird nicht mehr vertraulich?
Kann sein, du riechst ein wenig faulig.

(4) Anstatt als Tür zur guten Stube
riecht mancher Mund nach Abfallgrube.

(5) So manches, was dem Mund entweicht,
hat beste Freunde schon verscheucht.

(6) Der Mundgeruch, wie man sich strecke,
erreicht uns auch noch um die Ecke.

(7) Besser, du verteilst den Gästen
Mundschutzmasken bei den Festen.

4 Schwitzen

(1) Der Mensch bekämpft den eignen Schweiß
als wär's die Pest, mit Chemoscheiß.

(2) So mancher hat im Kopf den Spleen,
nur wer steril sei, sei auch clean.

(3) Mit Mundschutz, keimfrei, auf Distanz:
so kommt die Grete nie zum Hans.

(4) Gilt auch zu schwitzen als nicht fein,
muss in der Liebe es doch sein.

(5) Genieße einfach deinen Schweiß!
Besser als kalt sein hast du's heiß.

5 Achselschweiß

(1) Der Mensch, im Gegensatz zu Tieren,
neigt unter Druck zum Transpirieren.

(2) Bei Konferenzen lernst du sitzen,
und Wasserdampf ins Hemd verschwitzen.

(3) Dass einer nichts zu lachen hat,
zeigt achselseits sein Schweißplakat.

(4) Neigst du zum Schwitzen unterm Arm,
macht dich das nicht zum Frauenschwarm.

(5) Besser seine Hemden wechseln,
als zu stottern und zu sächseln.

6 Stinkefüße

(1) Der Mensch schwebt kopfseits gern im Himmel,
und fußseits stinkt er wie ein Lümmel.

(2) Strenge Rüche, Jucken, Schwaden
entstehn auch unterhalb der Waden.

(3) Im Schwimmbad will man barfuß gehen,
doch juckt's danach meist an den Zehen.

(4) Verschnürt im Turnschuh, ungelüftet –
da rächt der Fuß sich, juckt und düftet.

(5) Bedenke, dass den Stinkefuß
man irgendwann mal waschen muss.

(6) Die Füße, unsre Schwerstarbeiter,
sind auch nicht immer froh und heiter.

(7) Wenn's muffig aus den Socken raucht,
riecht jedes Teil im Raum verbraucht.

(8) Besser aus den Schuhen dampfen,
als mit kaltem Fuß verkrampfen.

7 Schwitzhände

(1) Der Mensch, er schwitzt an vielen Stellen.
Das kann ihm manches sehr vergällen.

(2) Wenn einer feuchte Hände hat,
findet das meist verschwiegen statt.

(3) Nur halb so schön ist Händegeben,
wenn dir danach die Finger kleben.

(4) Wenn man die Hand zu geben meidet,
kann's sein, dass sie zu viel ausscheidet.

(5) Handfeuchte zeigt auch manchmal an:
Mir geht der Arsch auf Grundeis, Mann!

(6) Die, die zu feuchten Händen neigen:
glasorgeln sollten sie statt geigen.

(7) Der Dirigent, beim Blätterwenden,
ist auch gut dran mit feuchten Händen.

(8) Besser als dauernd Händewaschen
lässt man die Hände in den Taschen.

8 Monatsdünste

(1) Der Mensch, in diesem Fall die Frau,
macht turnusmäßig manchmal blau.

(2) Nimm es als miese Wetterlage,
hast du im Monat deine Tage.

(3) Du bist nun mal Teil der Natur
und riechst an manchen Tagen stur.

(4) Kommt es von unten her zu streng,
wird es im Raume schnell zu eng.

(5) Es sind die weiblichen Gerüche
für Männer eine Hexenküche.

(6) Besser als die Monatstour
sind ein paar Tage Bäderkur.

9 Lokuserfahrungen

(1) Der Mensch trennt stets nach arm und reich,
doch notdurftmäßig sind sie gleich.

(2) Der Hund setzt irgendwo sein Törtchen.
Der Mensch braucht unbedingt ein Örtchen.

(3) Wenn einer muss, dann zieht sich der
meist unbemerkt aus dem Verkehr.

(4) Der Klogang ist teils Lust, teils Qual.
Ein Leben lang, viel tausend Mal.

(5) Man gönnt sich gerne einen Schmaus,
doch muss es nachher wieder raus.

(6) Da sitzt man nun und drängt den Darm.
Säh' man sich sitzen, Gott erbarm!

(7) Schon Kinder lehrt man fest zu drücken.
Doch Druck lässt's selten besser glücken.

(8) Was könnte dieser Ort berichten!
Das meiste müssen wir uns dichten.

(9) Hier ist man eine kleine Weile
allein mit sich und seinem Teile.

(10) Das Örtchen, allen wohlbekannt,
wird meist ganz fälschlich still genannt.

(11) Zum Beispiel nimm den Federweißer.
Der macht dich zum Kanonenscheißer.

(12) Das WC kennt die Welt der Töne,
gequälte, wilde, auch obszöne.

(13) Der Lokus ist ein Raum der Flüche,
der Kämpfe, Krämpfe, starken Rüche.

(14) Als Freiheitsort, geschützt vor allen,
lässt man hier alle Rücksicht fallen.

(15) Es lässt der Mensch an diesem Orte
zurück, was in ihm schmolz und bohrte.

(16) Was rauskommt, ist meist zum Vergessen.
Und das war vorher mal dein Essen!

(17) Was diesen nervt und jenen stresst,
ist, wie den Platz man hinterlässt.

(18) Ziehn sich noch Schleifspurn durch die
Schüssel,
ist das kein Gruß für Aug und Rüssel.

(19) Ich hab, wenn einer sehr schnell macht,
sauberkeitsmäßig 'nen Verdacht.

(20) Wie du es hältst mit Klo und Po,
merkt deine Frau dann sowieso.

(21) Es riecht, was hinten uns verlässt,
bisweilen wie die Beulenpest.

(22) Der Schiss der Korn-Gemüse-Esser,
probier es aus, riecht einfach besser.

(23) Wo einer schwelgt in den Gerüchen,
sind andere vor Scham erblichen.

(24) Der eine sitzt entspannt im Stillen,
derweil beim andern Glocken schrillen.

(25) Nur weniges schreit so Alarm
wie wenn es wühlt und treibt im Darm.

(26) Kommst du mit letzter Kraft gehetzt
und wenn's dann ruft: „Hier ist besetzt!",

(27) dann beiße mutig auf die Lippen
und schwitz es einfach durch die Rippen.

(28) Kommt es zur unerwünschten Leerung,
hast du, ich sag mal, 'ne Bescherung.

(29) Das Klo ist, kurz, ein Ort fürs Grobe
und Gürtelabwärts-Ausgetobe.

(30) Das Klo erlaubt uns, vom Verprassten
uns gnädig wieder zu entlasten.

(31) Das Klo ist auch, vor allen Dingen,
ein Ort, wo wir viel Zeit verbringen.

(32) Ist auch das Klo ganz unerlässlich,
hält man den Ort meist kalt und hässlich.

(33) Es hat sich, wo man Hock-Klos baut,
auch mancher schon die Füß' versaut.

(34) In Japan rufst du laut juchee!,
sprudelt's von unten im WC.

(35) Hast du 'ne Spülung im WC,
tut es beim Putzen nicht mehr weh.

(36) Besser als beim Plumpsklosett
wär, wenn man's warm von unten hätt.

10 Impressionen beim Stuhlgang

(1) Der Mensch muss müssen, das ist schlicht.
Doch manchmal kann er einfach nicht.

(2) Nicht was wir essen, macht uns leidend.
Wie wir's verdauen, ist entscheidend.

(3) Mal fließt es sanft, mal treibt's und kracht:
klar, dass man sich Gedanken macht.

(4) Ein Glück, wenn's aus dir platzt und spritzt
und du schon auf der Schüssel sitzt.

(5) Sei froh, wenn's gleich kommt und schön
schlank.
Manch einer drückt hier stundenlang.

(6) Manchmal, wie einst auf deinem Pöttel,
erlösen dich kaum ein paar Köttel.

(7) Der Mensch, der viel entbehren kann,
stirbt, wenn er nicht entleeren kann.

(8) Verstopft der Durchgang sich im Darm,
nimm es als Zeichen für Alarm.

(9) Sitzt du auf deinem Thron allein,
dann bist du frei, hast Zeit zum Sein.

(10) Benutze, Mensch, den Gang zum Örtchen,
und red' mit dir ein ernstes Wörtchen.

(11) Es fallen einem oft beim Machen
die besten Dinge ein und Sachen.

(12) Der Lokus ist ein Kompostbeet
für Witz und Kreativität.

(13) Hast du ein Handy auf dem Klöchen,
reicht's auch vielleicht für ein Hallöchen.

(14) Manch einer sitzt hier bloß zum Schein.
Er will nur mal alleine sein.

(15) Man hockt entspannt und lustvoll dort,
wo auch Lektüre liegt am Ort.

(16) Du kannst, wann's kommt, nicht immer
wissen.
Bring besser Zeit mit und ein Kissen.

11 Wasser lassen

(1) Der Mensch lässt Wasser, hält nicht dicht.
Im Freien stört das weiter nicht.

(2) Der Harndrang kommt sehr oft mit Macht,
beim Autofahrn und in der Nacht.

(3) Gesetzt, dich würd' die Frau vermissen,
sag einfach cool: „Ich war mal pissen!"

(4) Genieß den vollen Strahl beim Pissen.
Im Alter tröpfelt's, musst du wissen.

(5) Ich pfiffe, sprach der Greis, auf Tugend,
hätt ich zurück den Strahl der Jugend.

(6) Willst du partout im Stehen pissen,
wirst auch in Pisse sitzen müssen.

(7) Es pissen anders Frau und Mann,
sie nur versteckt, er wo er kann.

(8) Es macht den Schüchternsten zum Mann,
wenn er die Hand voll nehmen kann.

(9) Wer einmal kreativ gebrunzt,
weiß: Pissen ist 'ne Männerkunst.

(10) Du lernst beim Meisterklasse-Pinkeln
den Strahl zu führen selbst in Winkeln.

(11) Der Akrobat versucht beim Pinkeln
auch mal auf einem Bein zu hinkeln.

(12) Auch das wird eine Frau vermissen:
Die Lust beim Weite-Bogen-Pissen.

(13) Die Krönung bei den Piss-Genüssen
ist jedenfalls das Gruppen-Pissen.

(14) Da hilft kein Schieben, Schütteln, Klopfen:
Die Hose kriegt noch ein paar Tropfen.

(15) Bei Kindern, Alten und Sklerose
geht gern noch etwas in die Hose.

(16) Beim Pinkeln machst dich unten frei.
Das lockt Gefühle mit herbei.

(17) Menschliche Pinkel, welcher Saft!,
bringt dich in Not, doch zeigt auch Kraft.

(18) Angeblich hilft, auf kleinen Wunden,
dir dein Urin sehr beim Gesunden.

(19) Manch eine trinkt, als ob es labe,
ein Gläschen Harn als Morgengabe.

(20) Der Harn des Lama, glaubt man eben,
schenkt Glück und krankheitsfreies Leben.

(21) Merke: Regelmäßig saufen
lässt die Pinkel besser laufen.

3.2 Unangenehme Angewohnheiten

12 Schmatzen

(1) Der Mensch, er schmatzt, es schmatzt das Vieh,
verleugne deine Herkunft nie!

(2) Wer schmatzt (betrachte ihn dabei!),
isst mit Genuss, von Zwängen frei.

(3) Das Schmatzen gilt als nicht sehr fein,
vor allem, ist man nicht allein.

(4) Sitzt du mit deinem Chef am Platz,
verbietet sich der kleinste Schmatz.

(5) Doch merke dir: als Schmatzersatz
knutscht man viel besser seinen Schatz.

13 Schlürfen

(1) Der Mensch kocht Kaffee, heiß, mit Schicht –
und lustvoll schlürfen darf er nicht?

(2) Nur Alte, Kranke dürfen schlabbern
und sich dabei den Latz besabbern.

(3) Das weiß nun jeder Lustvoll-Esser:
Geschlürft schmeckt dir die Suppe besser.

(4) Schlürft einer laut und ungeniert,
wird im Lokal das nicht goutiert.

(5) Willst du dich früh zum Alten stempeln,
beginn zu schlürfen und zu pempeln.

(6) Besser schlürfen mit Genuss,
als dass man dauernd pusten muss.

14 Kleckern

(1) Der Mensch lernt früh, sittsam zu speisen.
Erlaubt ist Kleckern wieder Greisen.

(2) Du trägst das frische Hemd mit Lust –
schon sitzt ein Flecken auf der Brust.

(3) Hör auf, mich dauern anzumeckern!
Wer einen Bauch hat, muss auch kleckern!

(4) Nun gut, mein liebstes Dickbauchschätzchen,
du kleckerst – also kriegst ein Lätzchen.

(5) Kleckern muss dich nicht befremden,
wäscht man dir weiter deine Hemden.

(6) Merke: Besser sich bekleckern,
und später dann die Reste schleckern.

15 Rülpsen

(1) Der Mensch ist froh, wenn er verdaut.
Doch wenn er rülpst, gilt das als out.

(2) Der echte Rülpser schafft Befreiung.
Ihn unterdrücken wär Kasteiung.

(3) Zwar rülpst du nicht den besten Duft,
doch schaffst du deiner Seele Luft.

(4) Wer gerne rülpst, dem rat ich hier
zuerst zu frisch gezapftem Bier.

(5) Vier Arten Rülpser kann man lehren:
Gurgeln, Trällern, Krachen, Röhren.

(6) Luftschluckend kannst du Rülpser sammeln
und sie rausblöken wie bei Hammeln.

(7) Besser Rülpser nicht verwehren
als gleich den ganzen Inhalt leeren.

16 Furzen

(1) Der Mensch, manchmal, mit Unschuldssmiene,
knortzt wie 'ne alte Dampfmaschine.

(2) Als Kind schon lernt man einzuhalten
und Darmgelüste abzuspalten.

(3) Manchmal entfährt dir nebenher,
was lieber nicht entfahren wär.

(4) Du hast gefurzt. Steh nicht betroffen.
Halt lieber dir den Fluchtweg offen.

(5) Wenn ein Geruch die Nase ätzt,
fragt jeder sich: Wer war das jetzt?

(6) Willst ungeniert was fahren lassen,
vermeid erröten und erblassen.

(7) Pups mal zur Probe, eh den Rest
du ohne Halt ins Freie lässt.

(8) Gönn deinem Bauch ein Liebeszeichen:
Lass, was ihn drückt, mit Lust entweichen.

(9) Entfährt es dir laut und vernehmlich,
macht das Kontakte unbequemlich.

(10) Bisweilen haben deine Fürze
durchaus 'ne interessante Würze.

(11) Besser warm in derben Dämpfen
als den Darm in herben Krämpfen.

17 Kratzen

(1) Der Mensch guckt gerne zu und witzelt,
wenn es den andern juckt und kitzelt.

(2) Hast du am Po ne Juckestelle,
gibt's selten Hilfe auf die Schnelle.

(3) Das Jucken wächst sich aus zur Qual,
sitzt du beengt kollateral.

(4) Als wir noch auf den Bäumen saßen,
gehörte Kratzen schon zum Spaßen.

(5) Das Kratzen kann sich nicht entscheiden;
halb ist es Lust und halb auch Leiden.

(6) Der Reiz beim Kratzen und beim Jucken
lässt sich leicht mildern durch Bespucken.

(7) Du kannst die Stimmung ganz verpatzen,
fängst du im Kreis an dich zu kratzen.

(8) Gleich ob im Ohr, am Arm, der Blase:
Beim Kratzen neigt man zur Ekstase.

(9) Beim Kratzen gilt als erste Regel:
Zunächst braucht man mal scharfe Nägel.

(10) Kratzt einer dir die Augen aus,
kommst du meist nicht mehr gut nach Haus.

(11) Mehr als am Auge tut meist weh
ein langer Kratzer am Coupé.

(12) Will man den Mückenstich genießen,
bringt man durch Kratzen ihn zum Sprießen.

(13) Besser als vor Juckreiz platzen
wär sich blutig aufzukratzen.

18 Beißen

(1) Bei Menschen ist jetzt strenggenommen
das Beißen aus der Mod' gekommen.

(2) Sehr viele Tiere beißen zu
und zeigen uns: lass mich in Ruh!

(3) Ob Schlangen-, Spinnen-, Zeckenbiss:
Das Beißen ist kein Fliegenschiss.

(4) Hund oder Katze beißen schlicht,
kommt ihnen irgendwer zu dicht.

(5) Der Mensch verbietet sich das Beißen,
doch will das vorerst noch nichts heißen.

(6) Man trägt bei sich, darin noch Affe,
das Beißen als versteckte Waffe.

(7) Der Neue beißt, etwa im Team,
sich durch. Das ist das Tier in ihm.

(8) Ein andrer bleckt, wie's ihn grad riss,
als Trainer grässlich sein Gebiss.

(9) Manch eine beißt in wildem Triebe
Ohrläppchen ab, und das aus Liebe!

(10) Der Kinderbiss beißt kleine Wunden.
Beißt du als Mann, lass es dir munden!

(11) Beim Kämpfen und im Schnellimbiss
bewährt sich ein Vampirgebiss.

(12) Beißtechnisch zählst du zu den Quallen,
sind dir die Zähne ausgefallen.

(13) Besser bissfest und verbissen
als schutz- und zahnlos aufgeschmissen.

19 Nägelkauen

(1) Der Mensch wär gerne so manierlich –
und knabbert Nägel, unwillkürlich.

(2) Manch einer beißt und lutscht und kaut
die Nägel, dass es andre graut.

(3) Vielleicht hilft ja das Nägelkauen
dem Menschen, Schweres zu verdauen?

(4) Vielleicht zieht nägelkauend er
die Hände nur aus dem Verkehr?

(5) Nagt man an seinen Nägeln rum,
dann fehlen halt die Krallen. Drum?

(6) Der Nägelbeißer hat's bequem.
Hat er mal Hunger – kein Problem.

(7) Besser können Nägel schmecken,
wenn sie zuvor in Honig stecken.

20 Fingerlutschen

(1) Der Mensch, bevor die Dinge flutschen,
lernt erst einmal das Fingerlutschen.

(2) Hast du auch Angst und fühlst dich klein,
dann lässt die Hand dich nicht allein.

(3) Was Mutters Brüste nicht gewährten,
macht deinen Daumen zum Experten.

(4) Dein Daumen bleibt dein bester Freund.
Ihr seid – oral – intim vereint.

(5) Das Fingerlutschen gilt als peinlich,
doch sind die Finger immer reinlich.

(6) Hast du sonst niemanden zum Knutschen,
dann musst du halt am Daumen lutschen.

(7) Besser als am Schnullerschiet
suckelt man am Fingerglied.

21 Popeln

(1) Der Mensch hat in sich tiefe Stollen,
die auch erkundet werden wollen.

(2) Zu popeln ist nicht telegen,
und deshalb kaum im Film zu sehn.

(3) Sitzt du allein in deinem Opel,
genieße lustvoll jeden Popel.

(4) Wer weiß, wie saftig Popel schmecken,
wird sich danach die Kuppen lecken.

(5) Wie automatisch sucht der Finger
im Nasenloch die letzten Dinger.

(6) Ein Hobbykoch hat mal entdeckt,
wie gut im Topf die Schnütte schmeckt.

(7) Mit Popeln, ist hervorzuheben,
kann man auch mal ein Loch verkleben.

(8) Hast du die Nase endlich leer,
dann ziehst du noch'n Popel her.

(9) Der Popelforscher fragt sich schon:
Wozu die ganze Produktion?

(10) Besser in der Nase bohren
als in unbekannten Rohren.

22 Ohrenbohren

(1) Der Mensch, als hätt er was verloren,
bohrt manchmal tief in seinen Ohren.

(2) Bedenk die Ohren: Niemand ehrt sie.
Man sülzt sie voll und keiner leert sie.

(3) Was da im Ohr – du glaubst es nicht.
Ein langer Finger bringt's ans Licht.

(4) Das Bohren ist dem Ohr abträglich,
doch manchmal juckt es ganz unsäglich.

(5) Der Arme sucht im Ohr nach Schmalz,
streicht sich's aufs Brot mit etwas Salz.

(6) Ein andrer bohrt und kratzt am Läppchen,
gönnt sich nur ab und zu ein Häppchen.

(7) Es bohren manchmal auch Doktoren
ganz hemmungslos in ihren Ohren.

(8) Schaust du wem zu beim Ohrenbohren,
kann's dir auch mal im Darm rumoren.

(9) Bequemer bohrt mit Kennermiene
man sich die Ohren per Maschine.

(10) Trägst du im Ohr ein Hörgerät,
vermindert's die Bohrqualität.

(11) Bestellt beim Wirt man Schweineohren,
dann darf man auch beim Essen bohren.

(12) Es dient ein gut verschmalzter Pfropfen
auch dazu, sich das Ohr zu stopfen.

(13) Merke: Besser, und nicht schwer,
stopft man Korken ins Gehör.

23 Schnäuzen

(1) Des Menschen Nase ist verglichen
mit Hunden einem Pfropf gewichen.

(2) Erstaunlich, welche Urgewalt
bisweilen aus der Nase schallt.

(3) Dein Schnäuzen, Rumgepruste, Schnauben
verscheucht vom Dach uns unsre Tauben.

(4) Kann sein, du schnäuzt mit Hochgenuss;
doch andren droht der Tinnitus.

(5) Läuft dir der Rotz auf Hemd und Kragen,
dann solltest du 'nen Spritzschutz tragen.

(6) Nicht immer fällt das Schnäuzen leicht,
bis so ein Klops dem Loch entweicht.

(7) Aus einem Loch man kräftig blase:
Das leert mit Schmackes jede Nase.

(8) Wünscht du die Nase richtig leer,
ein Staubsauger auch nützlich wär.

(9) Besser eine volle Nase
als Gepruste und Geblase.

24 Rotzen

(1) Der Mensch, das ist an sich kein Drama,
macht manchmal spuckend sich zum Lama.

(2) Wie schön, wenn Rotz sich in uns sammelt
und wuchtig Ziel nimmt statt vergammelt.

(3) Ein Meister der Rotzologie
spukt mit Bedacht; aus lernt er nie.

(4) Erst zieht den Rotz er aus dem Grund,
formt ihn dann passend sich im Mund.

(5) Er wählt das Ziel, er prüft und schaut,
ob keine Bö den Flug versaut,

(6) holt noch mal Luft und spitzt die Lippe,
und rotzt aufs Auge der Xanthippe.

(7) Der Rotzkampf ist ein Spaßvergnügen,
du kannst dich ohne Blut bekriegen.

(8) Fehlt dir der Rotz, versuch's mit Kernen.
Auch damit kann man erst mal lernen.

(9) Zu spucken ist durchaus gesund,
hast Kakerlaken du im Mund.

(10) Doch rotzt du andern an die Wand,
gilt das als nicht so ganz charmant.

(11) Und es ist eklig und zum Kotzen,
wenn Spieler auf den Rasen rotzen.

(12) Besser mit rotzvollen Backen
vorbereitet bei Attacken.

25 Schniefen

(1) Der Mensch, manchmal im Frust vertieft,
schlurft nur und seine Nase schnieft.

(2) Gewohnheitsschniefer sind auf Dauer
wie eine stumme Klagemauer.

(3) Es wirken manchmal schniefen, schnaufen
wie Probeläufe fürs Ersaufen.

(4) Wem jede Pore trieft und schwillt,
schluckt alles, was Bazillen killt.

(5) Die Polle fliegt, die Sonne lacht,
der Schniefer träumt von Frost und Nacht.

(6) Allergiker, das ist verbrieft,
seh'n eher schlecht, wenn's Auge trieft.

(7) Neigt einer generell zum Schniefen,
soll man Kontakte nicht vertiefen.

(8) Besser Pollenflug im Garten
als verhärmt im Hause warten.

26 Hochziehn

(1) Der Mensch hat oft die Nase voll
und bleibt beim Putzen dann im Soll.

(2) Das Hochziehn schenkt den Infantilen
mehr Zeit zum Toben und zum Spielen.

(3) Wer nicht schnauben will noch spucken,
muss halt die Rotze ziehn und schlucken.

(4) Beim Ziehn der Schnütte aus der Tiefe
scheint's fast, dass wer um Hilfe riefe.

(6) Ich glaube, Hochziehn macht auch Lust.
Es klingt schon irgendwie robust.

(7) Besser Rotz mit Lust gezogen
wie gewohnt mit deinen Drogen.

27 Feuchte Aussprache

(1) Der Mensch, wenn er beim Sprechen schnaubt,
benimmt sich doch leicht unerlaubt.

(2) Mein Freund, zu sagen fällt's mir schwer:
Du wässerst deinen Mund zu sehr.

(3) Ein kleines Frühgespräch mit dir
ersetzt die Morgenwäsche mir.

(4) Es können, wenn dich andre meiden,
sie dein Gepruste wohl nicht leiden.

(5) Wenn im Gespräch der Speichel fließt,
dann kontert man, indem man niest.

(6) Das Auge glüht, die Lippe sprüht,
man spürt, da ist ein Mensch bemüht.

(7) Bei Sabber, Ausfluss inklusive,
schafft Watteknebel Perspektive.

(8) Merke: an Besuchertagen
besser einen Mundschutz tragen!

28 Rauchen

(1) Der Mensch, warum, man weiß es nicht,
steckt sich 'nen Qualmhalm ins Gesicht.

(2) Man kann zum Suckeln sich bekennen –
nur warum muss der Nuckel brennen?

(3) Der Rauch verstänkert Mund und Hände
und setzt auf Polster sich und Wände.

(4) Kalt duftet Tabak würzig-süße.
Wär das nicht schön, wenn man's so ließe?

(5) Es hängt am Rauch, der Mensch braucht Feuer!
Der Rauch gibt Macht, bringt Abenteuer!

(6) Stinkt das Gequalm dich noch so an:
Aus Rauch geboren wird der Mann.

(7) Die Zigarette und der Mann:
Wer hält nun wen? fragt man sich dann.

(8) Auf jeder Packung schlimme Sprüche –
Der Raucher nimmt's wie dünne Flüche.

(9) Je mehr der Raucher sich bekennt,
wird er für Einsicht resistent.

(10) Nur insgeheim weiß jeder Raucher:
Er ist ein Lebenskraftverbraucher.

(11) Heut muss der Raucher draußen paffen.
Wenn's regnet, ist das schlecht zu schaffen.

(12) Es wurden Raucher mit der Zeit
'ne subversive Minderheit.

(13) Lief vor dir 'ne Zigarre her,
dann tun sich andre Düfte schwer.

(14) Treff ich 'nen Raucher tief im Wald,
denk ich, ich mach euch beide kalt!

(15) Kommst du vom Rauchen endlich los,
bleibt fressen, saufen, naschen bloß.

(16) Rauchen, Freund, jetzt sei mal ehrlich,
ist doch vielleicht etwas gefährlich?

(17) Besser mal 'ne Lulle rauchen
als Dieselabgas einzuhauchen.

3.3 Kontaktstörungen

29 Nähehindernisse

(1) Der Mensch erzeugt kein Wohlgefallen,
wenn er versucht, wen festzukrallen.

(2) Ist nicht schon leichte Haut-Berührung
wie eine heimliche Verführung?

(3) Das Sich-Betatschen, Nahsein, Drücken
schließt auch nicht alle Sehnsuchtslücken.

(4) Doch liegen zwei sich dicht im Arm,
wird's ihnen selbst im Kalten warm.

(5) Mancher hält Nähe für entbehrlich.
Nahkommen, denkt er, macht begehrlich.

(6) Rückt man mit einem andern dicht,
dann könnte doch – man weiß es nicht.

(7) Schon beim Begrüßen und Umarmen
kennt mancher Greifer kein Erbarmen.

(8) Die Männer, beim Begrüßungsdrücken,
verhau'n sich Schulterblatt und Rücken.

(9) Der hippe Typ mag's nicht so dicht,
schon hygienemäßig nicht.

(10) Mit Luftkuss rechts-links-rechts im Sturm
umarmt man à la Eifelturm.

(11) Der Trend geht vom Umarmen weg.
Man findet sich auf Facebook nett.

(12) Hey Baby, du siehst toll aus, Honey.
Ich lieb dich auch. Ciao. Time is money.

(13) Willst du das Nahesein vermeiden,
schützt dich auch gut ein Schnupfenleiden.

(14) Du findest Nähe, jede Menge,
ganz kostenfrei leicht im Gedränge.

(15) Merke: Besser menschlich brennen
als frieren und allein zu pennen.

30 Handgeben

(1) Der Mensch reicht anderen die Hand
und schafft sich Platz auf Armabstand.

(2) Es ist ein fester Händedruck
des einen Qual, des andern Schmuck.

(3) Lässt einer deine Hand nicht frei,
dann ist die Presse mit dabei.

(4) Fasst einer dich nur flüchtig an,
dann spürst du ihm die Angst schon an.

(5) So eine Luschenhand am Arm
ist wie lauwarmer Schweinedarm.

(6) Im Blick auf manche Riesenpranke
macht man es kurz und sagt schnell danke.

(7) Wenn Kunden dir die Hand zerquetschen, musst
du die Zähne heimlich fletschen.

(8) Nimm kalte Hände als ein Zeichen.
Da könnte bald die Luft entweichen.

(9) Merke: Besser Hände fassen
als andern das Gelände lassen.

31 Nervöse Hände

(1) Der Mensch schweigt manchmal bis zum Ende.
Nur seine Hände sprechen Bände.

(2) Am Looser hängen Hände dran,
mit denen er nichts machen kann.

(3) Da fuchtelt einer rum wie wild
und kriegt sich trotzdem nicht ins Bild.

(4) Kriegt man die Hände gar nicht still,
kann's sein, es fehlt ein klares Ziel.

(5) Damit die Hand was Festes hätte,
saugt man sich fest an der Ziehrette.

(6) Das wird mir manchmal echt zu viel:
Jetzt halt doch mal die Hände still!

(7) Wenn Menschen an den Händen gnippeln,
dann outet sich das innre Kippeln.

(8) Wohin, fragt mancher, mit den Händen
bei Panik, Scham und Angstzuständen?

(9) Für all die handversehrten Kunden
hat Hosentaschen man erfunden.

(10) Hat einer's Zappeln in den Händen,
sollst als Chirurg ihn nicht verwenden.

(11) Besonders auf der Schießanlage
ist Alterszittern ist eine Plage.

(12) Man läuft und denkt, man kommt davon,
und trifft dann doch Herrn Parkinson.

(13) Besser ist man manchmal dran,
nahmen Mütter Contergan.

32 Gliederzucken, zappeln

(1) Der Mensch toppt den Vergleich mit Pappeln,
wenn er nicht aufhörn kann zu zappeln.

(2) War es verboten, aufzumucken,
steckt scheint's ein Rest im Gliederzucken.

(3) Vielleicht will zucken nicht mehr sein
als ein oft wiederholtes Nein?

(4) Ist Zappeln schlicht ein Sauberrütteln?
Wie Tiere, die den Staub ausschütteln?

(5) Vielfach kommt Zucken ungelegen,
etwa dem Küssen nicht entgegen.

(6) Sitzt neben dir 'ne Zapplerin,
dann ist auch deine Ruhe hin.

(7) Der Zappler, hat man ihn beschnitten,
hat manches Mal auch schwer gelitten.

(8) Als Bühnenslapstick und figürlich
wirkt Zucken manchmal fast natürlich.

(9) Besser zapplig und verzückt
als verkrampft ins Eck gedrückt.

33 Vorbeisehen

(1) Der Mensch, schaut er an dir vorbei,
weckt Lust, was da zu sehen sei.

(2) Vielleicht ist Wegschaun nur ein Tick?
Vielleicht schützt's vor dem bösem Blick?

(3) Vermeidet einer Blickkontakt:
lässt er den Ärger dann verpackt?

(4) Starrt einer seitwärts wie gelähmt:
Ob der sich fürchtet? Oder schämt?

(5) Siehst du wen Blödes drüben stehn,
dann hast du einfach nichts gesehn.

(6) Schlag, Mädel, *nicht* die Augen nieder,
da an der Ecke steht er wieder.

(7) Der Vogel Strauß, hat er nicht recht?
Wird uns vom Sehen nicht oft schlecht?

(8) Ein starrer Blick ins ferne Leere
gibt uns den Anschein ernster Schwere.

(9) Fehlt zum klaren Sehn der Wille,
trägt man besser Sonnenbrille.

34 Grinsen

(1) Der Mensch träumt wütend von Attacke
und macht dann doch auf Grinsebacke.

(2) Das Grinsen ist des Schwachen Waffe.
Ich glaub, die kannte schon der Affe.

(3) Ob einer lächelt? Ob er grinst?
Du siehst stets das, was du ersinnst.

(4) Du grinst. Das stimmt mich wenig milde.
Wer grinst, führt meistens was im Schilde.

(5) Das Grinsen pendelt zwischen beiden:
dem Spaßigsein und dem Verleiden.

(6) Des Lachens schräge Grinse-Schwester
ist wie beim guten Wein der Trester.

(7) Bei permanentem netten Grinsen
geht jede Liebe in die Binsen.

(8) Siehst du den Bankbeamten grinsen,
berechnet er sich seine Zinsen.

(9) Tut grinsen auf die Dauer weh,
wär besser 'ne Gesichts-OP.

35 Laut sein

(1) Der Mensch an sich liebt das Vertraute,
das Kuschelige, nicht so Laute.

(2) Wer Kindern mal beim Spiel zuschaut,
weiß, Menschen können auch schön laut.

(3) Wird es zu laut, zu schrill, zu grell,
platzt gern auch mal ein Trommelfell.

(4) Du schreist, dass man dich hört. Wie dumm!
Es ist meist grade andersrum.

(5) Wenn einer laut wird, und dann schreit er,
weiß er im Grunde nur nicht weiter.

(6) Wer mich stets anschreit, wenn er spricht,
der wundre, werd' ich taub, sich nicht.

(7) Das laute Reden in Italien
zähl *ich* nicht zu den Marginalien.

(8) Tobt nebenan der Ehekrieg,
ist das nicht grade Schlafmusik.

(9) Nichts schallt so weit wie Weiberlachen,
mich kannst du damit fertig machen.

(10) Sitzt im Lokal ein lauter Typ,
ist, fehlt Gesprächsstoff, es dir lieb.

(11) Ist es am Nebentisch zu laut,
hat's dir schnell das Gespräch versaut.

(12) Die laute Stimme nützt dir sehr
als Türmer oder Nachtwächter.

(13) Kann dein Partner nur schwer hören,
wird schreien ihn nicht weiter stören.

(14) Heut schreit man Emotionen raus,
und ging's auch nur um eine Laus.

(15) Wohnst du am Flugplatz, an der Bahn,
kriegst halt ein dröhnendes Organ.

(16) Der Knopf im Ohr ermöglicht allen
sich ohne Ende zu beschallen.

(17) Besser, wenn du lauthals schreist,
eh du in den Boden beißt.

36 Leise reden, nuscheln

(1) Der Mensch als Frau neigt sehr zum Tuscheln,
als Mann dagegen mehr zum Nuscheln.

(2) Was ein Gespräch total versaut,
ist, wenn man flüsternd spricht statt laut.

(3) Der Leisetreter ist meist einer,
der denkt und glaubt: „Mich hört ja keiner".

(4) Der Vater schrie, die Mutter krisch –
das Kind wird leisetreterisch.

(5) Die Menschen, die zu leise sprechen:
die woll'n sich an den lauten rächen.

(6) Kann sein, wenn einer leise spricht,
versteht er sich, doch man ihn nicht.

(7) Senkt einer im Gespräch die Stimme:
denk ich, jetzt kommt das wirklich Schlimme.

(8) Das Flüstern hat besondre Kraft:
zwingt andre zur Komplizenschaft.

(9) Besser liebt der Mensch und küsst er
nach intensivem Bettgeflüster.

37 Husten, hüsteln, räuspern

(1) Der Mensch, so zeigt die Diagnose,
lebt tausendfach in Symbiose;

(2) zum Beispiel, wenn was nicht gelingt,
und ihm ein Frosch halseinwärts springt.

(3) Auch hustet man den Rachen frei
vom Viren- und Bazillen-Brei.

(4) Zu hüsteln, heißt sehr oft sodann:
In Wahrheit bin ich sauer, Mann.

(5) Manch einer hustet sich durchs Leben,
statt mal ein Widerwort zu geben.

(6) Hat dich ein andrer angeblufft,
schafft dir das Räuspern etwas Luft.

(7) Jedoch ist Husten ganz verkehrt,
sitzt du gerade im Konzert.

(8) Ein permanentes Rumgehuste
bringt dich und alle aus der Puste.

(8) Paare, selbst die ganz verschmusten,
lieben keinen Dauerhusten.

(9) Statt rumzuhüsteln und zu prusten
wär's besser, andern was zu husten.

38 Schluckauf

(1) Der Mensch als Herr, als Sternengucker,
ist doch zugleich ein armer Schlucker.

(2) Gelegentlich gärt es sublim
und treibt dann ruckhaft hoch in ihm.

(3) Es heißt, Schluckauf sei unwillkürlich.
Ganz falsch. Man protestiert natürlich.

(4) Wenn dich der Schluckauf schwer durchzuckt,
dann ruft er: Stopp! Genug geschluckt!

(6) Lässt du dem Kinde seinen Lauf,
hört auch der Dauerschluckauf auf.

(7) Besser aufstehn statt sich ducken.
Besser raus statt runterschlucken

39 Schnarchen

(1) Der Mensch, im Blick auf sein Geschnarche:
Ich nähm ihn nicht mit auf die Arche.

(2) Wen's Schicksal mit 'nem Schnarcher traf,
lobt fortan seinen Einzelschlaf.

(3) Der Schnarcher hält, ich sag's nicht gern,
in Wirklichkeit den Partner fern.

(4) Wie nachts der Fuchs bellt: ich bin hier!
markiert man schnarchend sein Revier.

(5) Ein Rätsel bleibt es und verstört,
warum der Schnarcher selbst nichts hört.

(6) Da schnorchelt, sägt und gurgelt wer,
der Nachbar ruft die Feuerwehr.

(7) Es neigt, wer schnarcht, zum Gaumenkrampf.
Der Partner neigt zum Ehekampf.

(8) So manche schöne Beischlafstube
macht' Schnarchen schon zur Mördergrube.

(9) Schnarcht sich dein Partner richtig aus,
dann bist du nicht allein im Haus.

(10) Besser Schnarcher gut verknebeln,
als sich zur Nacht mit Schnaps benebeln.

40 Dauerduschen

(1) Der ungeduschte Mensch gilt heute
als ausgestorben, sag'n die Leute.

(2) Das Duschen, sehn wir schon im Kino,
braucht man zum Tag wie'n Cappuccino.

(3) Die früher nicht mal Hände wuschen,
stehn heut auf stundenlangem Duschen.

(4) Trotz Seifen, Schrubben, Bürsten, Duschen
bleiben wir doch die gleichen Luschen.

(5) Sich morgens, mittags, abends duschen:
Wer das tut, muss viel Dreck vertuschen.

(6) Es sind Make-up und Wimperntusche
kein Freund der Tränen und der Dusche.

(7) Es trösten sich die Partnerluschen
ganz gern mit warmen Dauerduschen.

(8) Besser stinken wie die Fische
als morgens, mittags, abends Frische.

41 Klatschen

(1) Der Mensch, anstatt wen anzuquatschen,
macht sich bemerkbar gern durch Klatschen.

(2) Entwicklungsmäßig ist das Klatschen
selbstaggressives Sich-Verwatschen.

(3) Beim Klatschen zeigt, je nach Portion,
man vornehm Huld und Emotion.

(4) Wer klatscht, tritt auf des Lebens zweite,
die fröhlich-helle Sonnenseite.

(5) Mit Klatschen, Trommeln, Johlen, Pfeifen
kann man sich auch im Ton vergreifen.

(6) Wenn im Konzert die Schnellen klatschen
dann könnt' ich ihnen eine watschen.

(7) Man kann beim wilden Dauerklatschen
sich auch schon mal die Hand zermatschen.

(8) Das Klatschen sagt: Es war ganz schön.
Wir können jetzt nach Hause gehn.

(9) Es nährt ein ganzes Heer von Tanten
die schönste aller Klatsch-Varianten.

(10) Es klatschen Weiber oder Basen
das Leben bunt mit Seifenblasen.

(11) Kein noch so dummer Alber-Quatsch
gilt als zu blöd für Klatsch und Tratsch.

(12) Vor Klatschen, Schwatzen und Gekicher
ist man an keinem Orte sicher.

(13) Besser Klatsch ganz cool beklatschen
als reihum jedem eine latschen.

42 Abklatschen

(1) Der Mensch gilt dann erst als Athlet,
wenn er den Abklatschtest besteht.

(2) Man klatscht im Spiel sich heftig ab.
Meist bleibt die Hand dran, wenn auch knapp.

(3) Nach jedem kleinen Gaudium
beklatscht man sich. Wer weiß, warum.

(4) Sie tatschen sich, einmal im Kreise,
wie Gott zum Gruß die Waldameise.

(5) Ist eine Kamera im Raum,
dann schlägt man auch noch Purzelbaum.

(6) Kaum besser als der Team-Abklatsch
ist dieser Hemden-Auszieh-Quatsch.

43 Stottern

(1) Der Mensch hält stottern für blamabel.
Drum halten Stottrer meist den Schnabel.

(2) Das Stottern ist zwar minder schön,
doch auch ein Alltagsphänomen.

(3) Man stottert lang sein Häuschen ab,
das ist ein Wettlauf mit dem Grab.

(4) Stottert dein Motor, lass das Gejammer.
Er braucht paar Schläge mit dem Hammer.

(5) Manch einer stottert sich durchs Leben,
man möcht' ihm mal 'nen Arschtritt geben.

(6) Wem man nicht Zeit zum Reden lässt,
der stottert sich im Kopfe fest.

(7) Lässt Angst dir deine Glieder schlottern,
lernst du im Handumdrehn das Stottern.

(8) Der Stottrer mit dem Stottern ringt,
weil keiner mit ihm Lieder singt.

(9) Dem Schwätzer wünscht man alles Schlechte,
dass ihn mal was ins Stottern brächte.

(10) Besser schnappen wie 'ne Quappe
als ein Pflaster auf der Klappe.

44 Augenplinkern

(1) Der Mensch braucht Pinsel oder Lauge,
juckt's oder piekst es ihn im Auge.

(2) Lidzucken ist wie Flügelschlagen
der Küken, eh sie Flügel tragen.

(3) Bei Lidgezucke, Flattern, Plinkern,
tu so, als wär es Augenzwinkern.

(4) Das Augenzucken oder Flimmern
kannst du bei Stress noch sehr verschlimmern.

(5) Wenn plinkern dir den Blick zerhackt,
hast du 'nen Wackelhirnkontakt.

(6) Das Plinkern, Freund, behindert sehr
den regulären Blickverkehr.

(7) Glaub mir, auf wem Wohlwollen ruht,
der hat mit plinkern nichts am Hut.

(8) Besser plinkern oder zucken
als sich niemals zu vergucken.

45 Schwerhörigkeit

(1) Der Mensch will manchmal gar nichts raffen,
lehrt uns das Bild vom zweiten Affen.

(2) Wer schwerhört, sperrt die Ohren zu.
Dann hört er nichts. Das ist der Clou.

(3) Muss, wer nicht hören will, denn fühlen?
Falsch! Der kann einfach weiterspielen!

(4) Hört einer schwer, kann er sich freuen.
Dann müssen alle andren schreien.

(5) Wer schwer hört, ist nicht übel dran,
weil er jetzt frei vermuten kann.

(6) Kann einer Wichtiges nicht hören,
braucht ihn Geschwätz auch nicht zu stören.

(7) Hört einer gar nichts, wird es dumm.
Dann schubst man ihn wie Möbel rum.

(8) Trägst du im Ohr ein Hörgerät,
wär's gut, wenn es auch wirklich geht.

(9) Vergiss das Hören, lerne tasten!
Entdeck die Welt als Zauberkasten!

(10) Besser innren Vögeln lauschen
als ein Hörgerät mit Rauschen!

46 Sehschwäche

(1) Des Menschen Auge, doppelwärts,
erschließt die Welt und's eigne Herz.

(2) Strahlt dich sein waches Auge an,
wird selbst zum Engel der Tyrann.

(3) Nichts sehen schließt den Horizont,
so gut man auch mal sehen konnt'.

(4) Erst sieht man nah und später weit,
so spiegelt Leben Ewigkeit.

(5) Brauchen die Augen eine Kur,
fehlt meistens Schlaf sowie Natur.

(6) Ist plötzlich Nebel, wo man sah,
dann grüßt die feuchte Makula.

(7) Was täglich uns die Glotze zeigt,
uns nächtens durch die Träume geigt.

(8) Reklame, Bilder, Augenreize
sind für mich reinste Augenbeize.

(9) Vielleicht, lehrt uns der Vogel Strauß,
stellst öfter mal die Glotze aus?

(10) Uns überrollt die Bilderflut.
Doch leider ist auch manches gut.

(11) Wenn einer eine Brille trägt,
wärs blöd, wenn er sie stets verlegt.

(12) Trägt man im Auge falsche Linsen,
gehn öfter sie mal in die Binsen.

(13) Der blinde Mensch ist übel dran,
wenn er zugleich schlecht hören kann.

(14) Nicht was wir mit den Augen sehn,
erst was das Herz sieht, macht es schön.

(15) Ich habe längst genug gesehen.
Ich will nicht mehr. Ich möchte gehen.

(16) Besser schaut man einfach weg.
Das erspart so manchen Dreck.

47 Übergewicht

(1) Die Menschheit nimmt, man möcht' es nicht,
an Menge zu und an Gewicht.

(2) Die Welt verhungert, andre prassen,
da kann was nicht zusammenpassen!

(3) Es sind in Deutschland, anteilmäßig,
mehr als die Hälfte zu gefräßig.

(4) Dick sein zeigt sichtbar Angriffsfläche.
Meist hält man's für Charakterschwäche.

(5) Dem Dicken fehlen, denkt der Schlanke,
einfach zwei Worte: „nein und danke".

(6) Man findet Dicke automatisch
als Menschen eher unsympathisch.

(7) Der Dicke lebt sehr unbequem,
hat ein Rund-um-die-Uhr-Problem.

(8) In Flugzeug, Kino, Straßenbahn,
ist neben Dicken man schlecht dran.

(9) Fakt ist, dick sein ist (wie auch sterblich)
nicht bloß verdrießlich; auch vererblich.

(10) Wurd'st du gedrillt aufs Topf-Leeressen,
gilt das, erwachsen, als verfressen.

(11) Manch einer wird auch Überesser
aus Frust und denkt, dann ging's ihm besser.

(12) Zunehmen geht so schrecklich schnell.
Abnehmen dauert, prinzipiell.

(12) Wer tags die Kalorien streicht,
nachts heimlich dann zum Kühlschrank schleicht.

(13) Finden im Shop sie große Größen,
kann's Adipösen Mut einflößen.

(14) Buffst du 'nen Dicken, sei verbindlich:
Auch Dicke sind nicht unempfindlich.

(15) Statt sie mit Abscheu anzublicken
genieß die weiche Haut der Dicken!

(16) Besser dick wie'n Mastodon
als jeden Samstag Marathon.

48 Magersucht

(1) Der Mensch, verweigert er das Essen,
wird dünn und dünner unterdessen.

(2) Nicht nur, doch meist betrifft es Frauen,
wenn Menschen hungern statt verdauen.

(3) Es sagt der kleinste Spiegel-Blick
der Mageren: „Ich bin zu dick!"

(4) Kopfschüttelnd denkt sich mancher Frager:
Was treibt die Frau, isst sie sich mager?

(5) Am Hungern ist zunächst das Tolle:
Man hat sich voll unter Kontrolle.

(6) Vielleicht hält Hungern auch was fest,
ist alter Widerstand, Protest?

(7) Nichts essen (ist der Mensch noch klein)
ersetzt vielleicht das laute Schrein?

(8) Ist Antrieb des Verdau-Verzichts
die innre Stimme: Gönn dir nichts!?

(9) Es denkt, wer hungert, sich vielleicht:
„Ich mach mich dünne!" und „Es reicht".

(10) Man hungert zwanghaft, doch auch willig –
und mit Gewinn: Hungern ist billig.

(11) Hast du besorgte Fragen über,
zieh einfach noch paar T-Shirts drüber.

(12) Der Anorektiker passt halt
in jede Lücke, jeden Spalt.

(13) Zu hungern ist nicht wirklich schee.
Doch tut man nur sich selber weh.

(14) Besser dann doch kindlich mager.
Das erspart das Beischlaflager.

49 Essbrechsucht

(1) Der Mensch, der isst und dann erbricht,
versteht sich meistens selber nicht.

(2) Wenn Zwänge Geist und Leib befeuern,
wird man verrückt und kann's nicht steuern.

(3) Wer frisst und kotzt, darf, was er hat,
nicht nehmen, weil – nichts macht ihn satt.

(4) Wer isst und bricht und isst und bricht,
hält äußerlich meist sein Gewicht.

(5) Die Bulimie lebt sehr versteckt
und bleibt oft lange unentdeckt.

(6) Saftschubse, Model, am Empfang:
Dünnsein ist oft wie Kleiderzwang.

(7) Triffst du 'ne schlanke, taffe Frau:
Ob sie nicht kotzt – weißt du's genau?

(8) Zwar ist das Kotzen nicht bequem,
doch Essen ist das Kernproblem.

(9) Im Supermarkt, zwischen Regalen,
leidet die Fresssüchtige Qualen.

(10) Peinlich ist oft die Einkaufsmasse.
Dann wechselt man halt oft die Kasse.

(11) Die Scham, man hätt' zu viel gefressen,
lässt sich durch Brechen nicht vergessen.

(12) Wird Rückwärtsessen dir zur Regel,
frisst Säure Zahn und Gaumensegel.

(13) Erlangt man die Brechsucht-Meisterschaft,
dann kotzt man lautlos, doch mit Kraft.

(14) Betrachtet man's rein gastronomisch,
ist Brechsucht durchaus ökonomisch.

(15) Besser bei Fress-Kotz-Attacken
erstmal warten und dann kacken.

3.4 Nachlässigkeiten

50 Mangelnde Körperhygiene

(1) Es riecht die ganze Kreatur.
Der Mensch will duften. Warum nur?

(2) Man lernt's von Tieren: Staub und Schmutz
sind allerbester Krankheitsschutz.

(3) Im Dreck zu spielen, grad für Kinder,
ist nachgewiesen viel gesünder.

(4) Für mich ist waschen ganz entbehrlich
und nebenbei auch zu beschwerlich.

(5) Statt Bürste, Wasser, Seifenschaum
reib ich mich lieber mal am Baum.

(6) Wenn sich wer täglich waschen muss,
ist der bestimmt kein Riechgenuss.

(7) Die Seife wurde nur für Kunden
aus bessren Kreisen mal erfunden.

(8) Riecht einer streng nach frischen Seifen,
dann kann man nur die Flucht ergreifen.

(9) Einst schlief der Mensch in Waldesluft;
heut braucht er Bügelwäsche-Duft.

(10) Der Mensch, beim Chillen oder Schuften,
soll immer frisch gescheuert duften.

(11) Wem nützt die Reinheits-Ideologie?
Ich wette, das errätst du nie!

(12) Keimfrei, wie aus dem Ei gepellt:
So lobt uns die Hygiene-Welt.

(13) Sind Körper-Gel und frische Düfte
nicht einfach nur Verkleidungsgifte?

(14) Bei mir darf jedes Tierchen hausen.
Mein Liebster kommt zu mir zum Lausen.

(15) Manchmal fehlt manchem die Hygiene
an manchen Stellen, notabene.

(16) Will wer in meine Kiste kriechen,
dann muss er frisch gewaschen riechen.

(17) Mein Freund, dein Duft, ich sag's nicht leicht,
ist sozusagen unerreicht.

(18) Ich rieche nichts. Und deine Nase
steck lieber in die eignen Gase!

(19) Besser sitzt der Riech-Banause
im vertrauten Duft zu Hause.

51 Nachlässiges Outfit

(1) Der Mensch behängt sich um den Leib
mit Kleidungsstücken zum Verbleib.

(2) Wie wir uns anziehn und bekleiden,
hilft uns einander unterscheiden.

(3) Zerschlissne Kleidung, second hand:
liegt momentan grad voll im Trend.

(4) Bei HM, kik, bei und C und A,
rückt dir die Dritte Welt ganz nah.

(5) Einmal getragen, ex und hopp,
sichert in Bangladesch den Job.

(6) Ein echter Freak kommt ungekämmt
mit Schlabberhose, Loch im Hemd.

(7) Die Kleidung schräg, die Haare wirr:
Protest braucht's halt ein bisschen irr.

(8) Doch wirkt, gewaschen und gebügelt,
der Mensch nicht irgendwie geprügelt?

(9) Den Menschen, die sich vornehm geben,
entgeht der leichte Teil im Leben.

(10) Besser Motten in Klamotten
als kaum gekauft und schon verschrotten!

52 Schmuddelkleidung

(1) Der Mensch, vorm Kleiderschrank im Haus,
kam früher mit zwei Stücken aus.

(2) Man wechselt täglich heut die Kleider,
mal abgesehn vom Hungerleider.

(3) Hurra! Wir sind die Schmuddelkinder!
Wir leben fröhlich und gesünder!

(4) Mit Löchern, Flicken oder Flecken
sind wir der Wohlerzognen-Schrecken!

(5) Nennst meine Sachen du versaut?
Macht nichts! Mir sind sie so vertraut.

(6) Der Fleck im Shirt, der Kragenspeck
sind Spuren des Gebrauchs, kein Dreck!

(7) Für mich sind Kleiderregeln flüchtig.
Der Mensch, nicht was er trägt, ist wichtig.

(8) Kommt einer angeschmutzt daher,
fällt uns ihn gern zu haben schwer.

(9) Erscheint man schmutzig zum Bankett,
macht das auch Munterkeit nicht wett.

(10) Tief sitzt in uns der Reinheitszwang
und die Verachtung für den Punk.

(11) Besser schmuddlig-abgeschabt
als korrekt und hochbegabt.

53 Fehlende Tischmanieren

(1) Der Mensch lernt mühsam den Benimm;
was er draus macht, ist gleichfalls schlimm.

(2) Wo Schmalhans Küchenmeister ist,
man achtsam seine Happen misst.

(3) Bei Menschen, wo der Tisch sich biegt,
am Ende viel am Boden liegt.

(4) Manch einer fasst sein Essbesteck –
da ließe er es besser weg.

(5) Was das Besondre war am Essen?
Deine Manieren! Unvergessen!

(6) Lustvoll im Essen raumzusauen
ist wenig lustig anzuschauen.

(7) Im Restaurant, euer Benehmen,
bot reichlich Zeit mich fremdzuschämen.

(8) Wenn andere, dann lern ich hassen,
den Tisch als Schlachtfeld hinterlassen.

(9) Trieft dir die Soße, tropft der Seim.
Dann bist du reif fürs Altersheim.

(10) Befreit vom Terror guter Sitten
darf ich bei mir zu Tische bitten.

(11) Besser pfeifst du auf Benimm!
Meistens kommt's dann halb so schlimm.

54 Peekhaare

(1) Der Mensch trägt teils das Haar als Pracht
und teils wie grade aufgewacht.

(2) Die Haare waschen, kämmen, pflegen –
wer sowas braucht, na meinetwegen.

(3) Im Filzhaar meiner Rasta-Schwester
ist Raum für kleine Vogelnester.

(4) Das Gel klebt Haare zu Skulpturen
und macht aus Menschen Kunstfiguren.

(5) Du findest deine Strähnen toll?
Naja. Sie liegen überm Soll.

(6) Wär auch dein Haar vielleicht zu fettig,
macht nichts, bist du nur scharf wie Rettig.

(7) Merke: Besser Schmalz im Haar
als oben jeder Locke bar.

55 Schwarze Fingernägel

(1) Der Mensch, natürlich kennt er diese Regel:
Wasch dir die Hände! Putz die Nägel!

(2) Mir bringt's den Appetit ins Schlingern,
sitzt du am Tisch mit Pampe-Fingern.

(3) Die schwarzen Nägel drücken aus:
Hier fehlt die Putzfrau wohl im Haus.

(4) Wenn seine Nägel Trauer tragen,
muss Mann den Tod der Frau beklagen.

(5) Die schwarzen Ränder zeigen an:
Hier packt man noch mit Händen an.

(6) Ich gehe täglich, nenn's Allüre,
ins Studio zur Maniküre.

(7) Gepflegte Hände zeigen bloß:
Man legt sie stinkfaul in den Schoß.

(8) Verschmutzt, beschädigt und verbraucht
sind Hände besser als verraucht.

56 Offene Hose

(1) Der Mensch, knüpft er die Hose auf,
dann nimmt das Leben seinen Lauf.

(2) Die offne Hose bietet Raum
für diesen oder jenen Traum.

(3) Ein offnes Türchen in der Hose
erlaubt noch keine Sex-Prognose.

(4) Wenn man den offnen Schlitz vergisst –
ob das Vergesslichkeit nur ist?

(5) Wär's für die Lüftung, auch beim Gehen,
nicht besser, würd' die Tür aufstehen?

(6) Besser eine offne Hose,
als 'ne psychische Phimose.

57 Löchrige Socken

(1) Der Mensch trägt meist an Füßen Strümpfe.
Das macht aus Schuhen manchmal Sümpfe.

(2) Hast du im Socken 'ne Kartoffel,
vermeide offene Pantoffel.

(3) Das Sockenloch zieht wie ein Dschinn
die Blicke magisch zu sich hin.

(4) Ein Loch im Strumpf ist frei und luftig,
und manchmal nebenbei auch duftig.

(5) Lauf lieber Löcher dir in Socken
als nur zu Hause rumzuhocken.

(6) Reiht Loch an Loch sich in den Socken,
wird's, hast du Motten, dich nicht schocken.

(7) Statt dauernd neue Socken kaufen
geht jetzt der Trend zum Barfußlaufen.

(8) Besser mal ein Loch im Strumpf
als am Bein nur einen Stumpf.

3.5 Missgeschicke

58 Darmgeräusche

(1) Der Mensch fühlt sich zumeist gestört,
wenn plötzlich im Gedärm was röhrt.

(2) Es zeigt der Darm, mehr als dir lieb,
dir deutlich an: Hier herrscht Betrieb.

(3) Ist es nicht schön, wenn alle schweigen
und Lieder froh dem Darm entsteigen?

(4) Rumort dein Darm, bläht, gurgelt, stöhnt,
bist mit dir selbst nicht ausgesöhnt.

(5) Doch könnt's bei chronischen Beschwerden
vielleicht als Bauchredner was werden.

(6) Besser Lärmen in den Därmen
als endlos sich den Bauch zu wärmen.

59 Inkontinenz

(1) Der Mensch, befrag dazu die Alten,
kann, was ihn drückt, nicht immer halten.

(2) Kämpft einer mit Inkontinenz,
macht Haltung stets die Differenz.

(3) Kannst du dem Druck nicht widerstehen,
tu einfach, als wär nichts geschehen.

(4) Der Körper sagt: Schluss mit Dressur!
Jetzt folg ich meinem Drange nur.

(5) Färbt sich mitmal die Hose dunkel,
entgehst im Dunkeln du Gemunkel.

(6) Der Arzt verschreibt dir gern Ampullen.
Bequemer ist es loszustrullen.

(7) Bringt Windelntragen dich in Rage
wär sicher besser 'ne Cerclage.

60 In die Hose machen

(1) Der Mensch, beim in die Hose machen,
kann selber selten drüber lachen.

(2) Die volle Hose, sein wir ehrlich,
macht doch das Gehen sehr beschwerlich.

(3) Wenn die Systeme dir versagen,
hilft stöpseln oder Windeln tragen.

(4) Zwar ist der Mensch nicht immer reinlich,
doch zu viel Darm-Druck ist schon peinlich.

(5) Wenn einer grade Durchfall hatte,
braucht untenrum er sehr viel Watte.

(6) Sag besser gleich, du seist unpässlich,
hältst du den Darm für nicht verlässlich.

61 Kotzen

(1) Der Mensch hat manchmal was zu motzen
und findet alle Welt zum Kotzen.

(2) Das Kotzen, Sich-Erbrechen, Reihern
riecht wie ein Bad in faulen Eiern.

(3) „Ich könnte kotzen!" sagt der Gunter,
und schluckt die nächste Scheiße runter.

(4) Was kann der Säufer doch vertragen!
Warts ab, was kommt, denkt sich der Magen.

(5) Da bin ich wieder, spricht das Essen,
ich helf dir gegen das Vergessen.

(6) Wenn einer reihert, dass es kracht,
hat er doch auch was mitgebracht.

(7) Wenn sich wer vornehm übergibt,
macht ihn das auch nicht mehr beliebt.

(8) Gibt Darm und Magen nichts mehr her,
dann bist du lange noch nicht leer.

(9) Das Kotzen ist ein Notgefühl,
zu sterben scheint dann nur ein Spiel.

(10) Besser kotzt man ins Foyer
als Nachbarsfraun ins Dekolleté.

62 Niesen

(1) Es schnaubt der Mensch, manchmal bekrittelt,
wie'n wilder Gaul, ganz unvermittelt.

(2) Das Prusten kommt aus tiefster Brust,
nicht weil du wolltest; weil du musst.

(3) Gesundheit wünscht man einem Nieser,
doch niemand fragt: Wie fühlt sich dieser?

(4) Es strapaziert, und ist bewiesen,
nichts heftiger als Dauerniesen.

(5) Niest du wie wild in Intervallen,
scheint's deinen Kindern zu gefallen.

(6) Bei Dauerniesern musst du beten.
Da blasen Jerichos Trompeten.

(7) Das Niesen, obwohl unwillkürlich,
gilt im Konzert als ungebührlich.

(8) Das Niesen nimmt dir alle Sicht,
zur Strafe schlägst dir ins Gesicht.

(9) Besser eine Jucke-Nase
mit Optionen zur Ekstase.

63 Gähnen

(1) Der Mensch, welch Gleichnis und Misere,
verbirgt im Mund gähnende Leere.

(2) Bei, Fischen, Vögeln sieht man schon:
Das Maulaufsperrn hat Tradition.

(3) Gähnt einer lauthals, unverdeckt,
hat er schon manchen schlimm erschreckt.

(4) Wer Sorgen hat mit faulen Zähnen
vermeide besser starkes Gähnen.

(5) Meist schlägt, wer gähnt, die Hand vors Maul.
Wer ist schon gern ein alter Gaul?

(6) Laut gähnen ist nicht angemessen,
doch fragt man schon: will er jetzt fressen?

(7) Ist Gähnen wohl dem Kampfe eigen
und eingefrornes Zähnezeigen?

(8) Das Gähnen unterdrücken heißt,
dass man sich das Gesicht zerreißt.

(9) Beim Gähnen hat, kaum dass man's denkt,
sich einer mal den Hals verrenkt.

(10) Quälend ist unterdrücktes Gähnen.
rührt selbst und andere zu Tränen.

(11) Das Gähnen wird, ich weiß nicht wie,
bisweilen zur Epidemie.

(12) Dem Zahnarzt, muss man auch erwähnen,
gibt Gähnen Zugang zu den Zähnen.

(13) Besser hätt'st nicht grad gespeist,
wenn du groß das Maul aufreißt.

64 Schiefe Zähne

(1) Der Mensch, zu seinem Ärgernis,
hat manchmal Wildwuchs im Gebiss.

(2) Stehn deine Zähne schief und krumm,
sieht's nur so aus, als wärst du dumm.

(3) Was ist schon dran an schiefen Zähnen?
Iss, trink und kau; vermeide Gähnen.

(4) Der Arzt weiß schon, bei dem Gebiss,
sind wir uns lange treu gewiss.

(5) Wenn einer lacht mit Perlenzähnen,
wird er Prothesen nicht erwähnen.

(6) Mit Spangen, Klammern oder Schienen
kann jeder Zahnarzt gut verdienen.

(7) Besser mit 'nem Raubgebiss
als zähneklappernd voller Schiss.

65 Zähneknirschen

(1) Der Mensch knirscht schlafend teils so laut,
dass es den Partner vor ihm graut.

(2) Des Nachts, wenn alle Hände ruhn,
muss mancher Kiefer Arbeit tun.

(3) Was dich am Tag geplättet hat,
das mahlen nachts die Zähne platt.

(4) Wer nicht genug zu beißen hat,
den macht sein Knirschen auch nicht satt.

(5) Der Zahnarzt schaut mit ernster Miene,
trägst du nicht deine Beißerschiene.

(6) Als Knirscher wäre es schon besser,
du wärst ein Wiederkäuer-Fresser.

66 Pickel

(1) Der Mensch, das ist ihm angeboren,
sprießt, wenn er wächst, aus allen Poren.

(2) Pickel quetschen schafft Vergnügen,
doch deiner Haut – da müsst' ich lügen.

(3) Wer andre nicht zu kneifen wagt,
geht bei sich selbst auf Pickeljagd.

(4) Gehst du im Spiegel Pickel suchen,
wirst du ganz schnell zum Streuselkuchen.

(5) Mit Lust zugleich und Zähnefletschen
lass ich dich meine Pickel quetschen.

(6) Besser Pickel dicht an dicht
als irgend so ein Milchgesicht.

67 Haarausfall

(1) Der Mensch ist teils auch Billigware:
Er lässt halt immer wieder Haare.

(2) Verlässt dein Haar dich sang- und klanglos,
find'st du das selbst meist nicht belanglos.

(3) Zählst du am Morgen deine Haare,
dann ist es nicht mehr weit zur Bahre.

(4) Das Haar, der Frauen Schmuck und Krone,
wenn's fehlt, geh'n sie wie oben ohne.

(5) Wenn einem Mann das Haar ausgeht,
dann gilt er als Gehirn-Athlet.

(6) Kein Stress bei rundem Haarausfall!
Mönch werden kannst du allemal.

(7) Haare stecken voller Tücke.
Besser trägst du gleich Perücke

68 Glatze

(1) Der Mensch als Frau wär gern ein Mann,
weil er dann Glatze tragen kann.

(2) Jedem steht die Glatze nicht;
macht aus dem Kopf ein Arschgesicht.

(3) Die Rocker, Machos, Rechten, Schläger:
Warum nur sind sie Glatzenträger?

(4) Die Chemo blößt Kopf und Gehör,
doch spart sie dir auch den Friseur.

(5) Stehst du vor einem Scherbenhaufen,
kannst glatzig nicht mal Haare raufen.

(6) Ob fromm, ob bös – über die Jahre
trifft's alle gleich: Wir lassen Haare.

(7) Besser glatzig durch die Jahre.
Bald klaut Krebs ja doch die Haare.

69 Schuppen

(1) Der Mensch verliert zwar nicht die Haut.
Stattdessen schuppt er aus und saut.

(2) Gern picken Frauen wie die Täubchen
von Männerkragen Schuppenstäubchen.

(3) Dem einen wird das kleinste Korn
am fremden Rock zum Augendorn.

(4) Dem andern rieselt's Schupp um Schuppe
auf Hals und Kragen. 'S ist ihm Schnuppe.

(6) Sei's im Lokal, sei es zu Hause,
trägst besser du 'ne Schuppen-Krause.

70 Schielen

(1) Der Mensch, ganz anders als bei Tieren,
kann schielend andre irritieren.

(2) Der Silberblick geht knapp daneben.
Ein Sinnbild ist er oft für's Leben.

(3) Sieh Schielern nie in das Gesicht.
Ob sie dich anschaun, weißt du nicht.

(4) Höchst amüsant, wenn einer schielt,
ist, drauf zu wetten, wie er zielt.

(5) Hält's mancher auch für eine Grille:
trag schielend besser Sonnenbrille.

71 Linkischer Gang

(1) Grundsätzlich trennen Mensch und Affen
der aufrechte Gang – und ihre Waffen.

(2) Manch einem hat's, teils anerzogen,
beim Aufwuchs seinen Gang verbogen.

(3) Hat was im Leben nicht gestimmt,
hat sich das Rückgrat mitverkrümmt.

(4) Der Gockel übt und probt nach Plan,
bis er 'nen Bühnenauftritt kann.

(5) Wie du stolzierst, hältst du für weiblich.
Ich find es eher unbeschreiblich.

(6) Dein Gang, Kollege, ja, wem gleicht er?
Die meisten sagen: Schau, da schleicht er.

(7) Stakst Frau daher auf hohen Hacken:
Was fühlen Beine dann und Backen?

(8) Es bringt doch die Beförderung
den Gang des Menschen sehr in Schwung!

(9) Dass, was dir einst den Rumpf verbogen,
heut nicht mehr wehtut, wär gelogen.

(10) Kannst du geknickt nicht richtig gehen,
dann mach's im Liegen, Sitzen, Stehen!

(11) Besser wirst du Akrobat,
 hast du 'nen Knick im Rückengrat,

3.6 Verschönerungen und Verunstaltungen

72 Schminken

(1) Der Mensch hält sich geschminkt für schön
(schon bei Kleopatra zu sehn).

(2) Es deckt nicht Schminke und kein Kleid
die eigene Vergangenheit.

(3) Der Spiegel weiß, wie viele Stunden
du schminkend suchst, was schon entschwunden.

(4) Vielleicht, dass Frauen sich beschminken,
weil sie befürchten sonst zu stinken?

(5) Die Schminke macht selbst aus 'nem Saustück
am Ende noch ein kleines Schaustück.

(6) Wenn man sich schminkt, dann möchte man
wer anders sein, soweit man's kann.

(7) Ist nicht das weibliche Beschminken
gewissermaßen Männer-Linken?

(8) Ein Irrtum, dass es Frau verziert,
je dicker sie die Schminke schmiert.

(9) Für Männer sind die Schminkgerüche
wie Grüße aus der Hexenküche.

(10) Das ist des Pudels schlauer Kern:
Die Schminke hält die Männer fern.

(11) Wer will schon, solltest du doch wissen,
beim Schmusen gerne Schminke küssen?

(12) Hältst du den Körper frisch und sauber,
erübrigt sich der Tusche-Zauber.

(13) Besser als sich auch zu schminken
blieben Männer beim Betrinken.

73 Schmuck

(1) Der Mensch ist manchmal schon verrückt,
dass *ihn* das Geld, *sie* Schmuck beglückt.

(2) Der Schmuck wird von der Frau getragen –
und meistens ohne Unbehagen.

(3) Wozu trägt Frau den Schmuck noch gleich?
Ach ja. Sie zeigt: Mein Mann ist reich.

(4) Es war und ist Schmuck Tand der Reichen,
für gar nichts nütze unter Gleichen.

(5) An Schmuck klebt Geld. An Geld klebt Blut.
Was, frage ich, wär daran gut?

(6) Der Modeschmuck, auch noch der schlichte,
verschleiert nur die Schmuckgeschichte.

(7) Jedoch: Ein schöner Edelstein
lässt einen gleich schon edler sein.

(8) Gold, Silber, Diamantgefunkel
holt uns ein bisschen aus dem Dunkel.

(9) Matt strahlt der blanke Edelstein,
fängt deine blassen Augen ein.

(10) Der Erich Fromm sagt, was wir *sind*,
ist gut – fürs geile *Haben* blind.

(11) Besser, Schmuck bleibt im Tresor.
Das hält's Finanzamt außen vor.

74 Mode

(1) Sei man vertrottelt und verpennt –
kein Mensch entkommt dem Modetrend.

(2) Es scheint nichts launischer als Mode,
doch ökonomisch hat's Methode.

(3) Die Mode wechselt mit System,
mal kurz, mal lang, mal unbequem.

(4) Warum es Mode gibt, ist schlicht.
Sonst wechselt man die Sachen nicht.

(5) Kaum ist die Kleidung ausgetauscht,
kommt neue Mode angerauscht.

(6) Und käm's in Mode, dass im Schritt – ,
macht man auch diese Mode mit.

(7) Zwar dient die Mode der Bekleidung,
doch eigentlich der Unterscheidung.

(8) Der hippe Modejünger-Schwarm
hält andernorts die Menschen arm.

(9) Erst füllt die Mode dir den Schrank,
dann den Container. Für Sri Lank.

(10) Ob Jeans, ob Schlips, gestylt, marode,
für jeden gibt's längst eine Mode.

(11) Besser in Sack und Lumpen gehn.
Auch das gilt bald als modisch schön.

75 Haariges

(1) Am Menschen, und nicht nur am Mann,
sind jede Menge Haare dran.

(2) Es ist ein Fakt, im Lauf der Jahre
verbraucht man nach und nach die Haare.

(3) Die Frauen tragen langes Haar.
Warum? Weil es mal Mode war.

(4) Kommt so ein Mann mit Bart daher,
dann wirkt er gleich viel männlicher.

(5) Versagst du deinem Haar die Schere,
kommt's dir beim Laufen in die Quere.

(6) Willst du partout das Haar nicht kürzen,
kannst du damit das Essen würzen.

(7) Das Gel im Haar verleiht ihm Steife.
Doch besser gönntest du ihm Seife.

(8) Es dient das Haar sehr vielen Zwecken.
Vor allem mal sich zu verstecken.

(9) Das Haar, im Streit längsseits gespaltet,
ist eine Kunst, die nicht veraltet.

(10) Es werden Haare zum Verräter.
Im Krimi führ'n sie stets zum Täter.

(11) Ein dichter Bart zwingt dich zum Schlabbern,
doch hast du später was zum Knabbern.

(12) Trägt man das Haar als Zopf und Knoten,
dann ist dran ziehen zwar verboten.

(13) Das Haar ist blond, rot, schwarz und grau:
Wer kennt die Farbe schon genau!

(14) Ist nicht der Haarpracht wahre Krönung,
gibt man ihr eine feine Tönung?

(15) Das Haarefärben macht aus dir
so was wie'n buntes Federtier.

(16) Besser Haare in der Suppe
als auf den Zähnen meiner Puppe.

76 Körperrasur

(1) Der Mensch, gewaschen und rasiert,
fühlt sich gleich besser akzeptiert.

(2) Scherst du die Haare von der Haut,
weil dir vor irgendetwas graut?

(3) Ist, wer den Körper glattrasiert,
vielleicht überzivilisiert?

(4) Die Glattrasur ist (wie vor Mäusen)
wohl eine tiefe Angst vor Läusen.

(5) Die Frau schabt sich den Körper glatt,
weil man sie dann als Baby hat.

(6) Der Mann rasiert sich seine Brust
und hofft, das steigert ihre Lust.

(7) Die Ganzrasur ist nicht beständig
und auch noch ziemlich zeitaufwändig.

(8) Merke: Besser rundum haarlos.
So wird der Aff-Vergleich gefahrlos.

77 Nägel stylen

(1) Der Mensch, und zwar der weibliche,
bemalt sich gern das Leibliche.

(2) Mit langen Nägeln zeigst du allen:
Haltet euch fern von meinen Krallen!

(3) Was kann, bei angeklebten Nägeln,
mit seinen Händen man noch regeln?

(4) Hellleuchtend oder zart-dezent –
verpass bei Nägeln nicht den Trend!

(5) Lackierst du dir die Nägel blind,
sieht niemand, dass sie dreckig sind.

(6) Bemalt an Händen und an Füßen,
lässt du als Kunstobjekt schön grüßen.

(7) Besser bunt an Hand und Zehen.
Kannst jeden Tag zum Fasching gehen.

78 Piercen

(1) Dem Menschen ist der Stich vertraut
von Impfung, Mücken, Dornenkraut.

(2) Man sticht sich Ringe, Steine, Ketten.
Warum? Da könnte ich nur wetten.

(3) Vielleicht, es ist Vermutung nur,
dient Piercen der Akupunktur?

(4) Vielleicht sind Ringe einfach schön
und nur mit Schmerzen anzusehn?

(5) Vielleicht will man sich an wem rächen
und traut sich nur, sich selbst zu stechen?

(6) Steckt man ein Knöpfchen ins Gesicht,
verdeckt's das blöde Köpfchen nicht.

(7) Mit jedem kleinen Nadelstich
beschädigst und verletzt du dich.

(8) Dem Borderliner und dem Sado
ist Piercen wie ein Eldorado.

(9) Und fehlen dir noch ein paar Löcher,
gibt's Platz am Körper noch und nöcher.

(10) Der Nasenring, die Tier-Verhöhnung,
gilt Piercingfreunden als die Krönung.

(11) Manch einer löchert sich an Stellen:
Da lässt mich schon das Hinsehn gellen.

(12) Das Foltern und das Nagelbrett
findet der Piercer auch ganz nett.

(13) Natürlich macht das Löchern Kosten:
So wird man wertvoll als Voll-Pfosten.

(14) Merke: besser sei gleich Kuh,
bekommst den Nasenring dazu.

79 Tätowieren

(1) Ein Glücksfall, dass, zieht man ihn glatt,
der Mensch viel freie Fläche hat.

(2) Der letzte Schrei: werd' Tattoo-Schneider!
So näht man Kaisers neue Kleider.

(3) Was treibt den Menschen, teils mit Qualen,
sich seinen Körper zu bemalen?

(4) Sind Tattoos einfach große Kunst?
Auch wenn man sich die Haut verhunzt?

(5) Ist es nicht schön, hast auf der Achsel
du ein persönliches Gekraxel?

(6) Vielleicht verleiten leere Flächen
der Haut einfach zum Tatoo-Stechen?

(7) Bemalt man seine Haut mit Bildern,
verbirgt man sich wie hinter Schildern.

(8) Statt sich zu streicheln, riechen, spüren,
muss man Bemalungen studieren.

(9) Tattoos sind, wissenschaftlich sauber,
vermutlich einfach Abwehrzauber.

(10) Das Táttoostechen ist 'ne Seuche.
Der Mensch macht sich zur Vogelscheuche.

(11) Mit Bildern, Sprüchen und Idolen
hat mancher sich das Licht gestohlen.

(12) Solang noch Helles aus dir schaut,
ist auch noch Platz auf deiner Haut.

(13) Tattoos am Rücken, Bauch und Po
sieht man nur, ist man nackt. Ach so.

(14) Es trägt ein Bild von mir der Hans
als Liebes-Tatoo auf dem Schwanz.

(15) Wie sieht der Tätowierte dann
sich selber seine Bilder an?

(16) Hat man im Arschloch ein Tattoo,
dann muss man üben, auf und zu.

(17) O Mensch, das Dunkle macht dich krank,
lass bitte an der Haut was blank!

(18) Wie du dir einst die Haut versaut,
wird irgendwann dein Coming out.

(19) Das Tattoo konserviert an Sünden,
was sonst vergeht aus Altersgründen.

(20) Du bist aufs Tätowieren geil.
Die Ärztin denkt sich ihren Teil.

(21) Bemalt, traktiert - wir werden eben
auch diese Mode überleben.

(22) Besser kommt man schwarz zur Welt,
spart tattoomäßig sehr viel Geld.

80 Schönheits-OP

(1) Der Mensch an sich ist gut und schön,
doch leider will's kaum einer sehn.

(2) Nervt dich an deinem Körper was,
schneid's raus und ab! Ganz leicht geht das.

(3) Zu korrigieren gäb's für mich
schon allerlei, rein körperlich.

(4) Der Kunst-Chirurg mit seinem Messer
macht unsern Körper einfach besser.

(5) Was man dir absaugt aus den Falten,
das musst du künftig sauberhalten.

(6) Du formst den Körper nach Geschmack.
Dem Kunstchirurgen füllt's den Sack.

(7) Wir schneiden alles weg, was stört,
weil unser Körper uns gehört!

(8) Besser wird er gleich Soldat,
wenn einer zu viel Körper hat.